ADRIAN PLASS

KAMPF DER WELTEN

ADRIAN PLASS

KAMPF DER WELTEN

HEILIGE KÜHE, BLINDE FLECKEN UND VERSCHWENDETE SCHWACHHEIT

AUS DEM ENGLISCHEN
VON CHRISTIAN RENDEL

Brendow
VERLAG + MEDIEN

Bibliografische Information Der Deutschen Nationalbibliothek
Die Deutsche Nationalbibliothek verzeichnet diese Publikation in der Deutschen Nationalbibliografie; detaillierte bibliografische Daten sind im Internet über www.d-nb.de abrufbar.

ISBN 978-3-86506-407-3

Originaltitel: War of the Worlds

First published 2011 by Authentic Media Limited.
52 Presley Way, Crownhill, Milton Keynes, MK80ES
www.authentic.co.uk
Einbandgestaltung: Brendow Verlag, Moers
Titelgrafik: Simone Jacobs, Moers
Satz: Satzstudio Winkens, Wegberg
Druck und Bindung: CPI – Clausen & Bosse, Leck
Printed in Germany

www.brendow-verlag.de

INHALT

EINFÜHRUNG

Themen sind merkwürdige, schwer fassbare Kreaturen. Im einen Moment stehen sie einem in völliger Klarheit vor Augen. Doch dann plötzlich beginnen sie zu flackern, wie Bertie Wooster es vielleicht ausdrücken würde, und sind verschwunden. Da ich diese Erfahrung die ganze Zeit über gemacht habe, während ich an diesem Buch schrieb, halte ich es für ratsam, zu versuchen, Ihnen zu erklären, worum es in *Kampf der Welten* geht, bevor Sie den ersten vorsichtigen Schritt ins erste Kapitel wagen.

Ich möchte vorausschicken, dass fast alle Gedanken in diesem Buch das widerspiegeln, was mich in den zwei Jahren beschäftigt hat, die meine Frau und ich als Mitglieder der Gemeinschaft im Scargill House Conference Centre gleich außerhalb von Kettlewell in Nord-Yorkshire (der Heimat der Calendar Girls) verbracht haben. Für mich war es eine besondere Herausforderung, mich als »Autor vom Dienst« einer solchen Gemeinschaft anzuschließen. Meine Vortragsreisen kreuz und quer durch die Welt in den letzten fünfundzwanzig Jahren waren eine sehr angenehme, aber auch etwas isolierende Erfahrung. Wie würde ich wohl mit der Ethik der unvermeidlichen Selbstentblößung in einem bewussten Gemeinschaftsleben zurechtkommen? Es ist relativ einfach, Selbstbewusstsein auszustrahlen, wenn man vor einem Publikum aus Leuten steht, die eigens gekommen sind, um einen zu hören, weil sie die Bücher mögen, die man geschrieben hat. War es nicht denkbar, dass hier in dieser neuen, spannungsreichen Situation meine Fehler und Macken aufs Peinlichste unübersehbar werden würden?

Das andere war meine Wahrnehmung eines liebevollen, lachenden, leidenden, rätselhaften, merkwürdig einsamen und missverstandenen Gottes. Würde diese schwer errungene Empfindung im religiösen Hauen und Stechen des Lebens überleben können?

Nun, das Leben in Scargill erwies sich als herausfordernd in allen möglichen Hinsichten, mit denen ich nie gerechnet hätte, aber wir hätten es um nichts in der Welt missen mögen. Es war eine echte Freude für uns beide, uns Tag für Tag unter die Mitglieder der Gemeinschaft und die Gäste zu mischen und in diesen beiden Kontexten eine wichtige Rolle zu finden. Es ist zweifellos wahr, dass es Momente gab, in denen wir nur noch davonlaufen oder mit quietschenden Reifen zum Tor hinausfahren wollten. Ich glaube, ich liebe meine Privatsphäre viel zu sehr, als dass ich für den Rest meiner Tage so leben könnte. Aber dennoch beruhigt mich und wärmt mir das Herz, wie in der täglichen Begegnung mit einem Haufen (zumeist) liebenswerter Leute, die sich einfach nicht aus dem Weg gehen können, mein innerster Kern irgendwie intakt geblieben ist.

Und Gott? Nun, er ist der Grund für dieses Buch. Der enge, beständige Dienst unter allen möglichen Leuten während der letzten beiden Jahre hat mich noch sicherer gemacht, als ich es ohnehin schon war, dass Authentizität bei Einzelnen und bei Gemeinden unverzichtbar ist, wenn wir wirklich erleben wollen, wie der Heilige Geist übernatürlich in Männern und Frauen wirkt und sie ins Leben liebt. Damit das möglich wird, kann es sein, dass wir den Kampf auf uns nehmen müssen. Was für einen Kampf, und aus welchem Grund?

Der Kampf im Innern des Einzelnen ist ein Konflikt zwischen der Innenwelt und der Außenwelt. Jesus ruft Menschen nicht dazu auf, zu verleugnen, was sie fühlen und denken, was sie fürchten und wonach sie sich sehnen. Er ruft sie dazu auf, die Wahrheit zu sagen und eine Freiheit zu entdecken, die deshalb so umwerfend befriedigend ist, weil sie sich auf alles bezieht, was in uns steckt, nicht nur auf eine zensierte Version unserer selbst. Es ist ein Kampf zwischen der Kapitulation gegenüber der Schande der Unzulänglichkeit und der Erkenntnis, dass das einzige unvollkommene Opfer, das Gott gerne von uns annimmt, unser mit Makeln behaftetes Selbst ist. Wir sind nicht dazu berufen, wunderbare Christen zu sein, sondern gehorsame Versager. Es kann sein, dass wir aufgefordert werden, mit Gott zusammenzuarbeiten, wenn er sich daranmacht, Aspekte unserer Persönlichkeit zu verändern. Aber in der Zwischenzeit gibt es Arbeit zu tun, und wenn wir möchten, wird er uns dazu gebrauchen.

Die Planeten, die in der Gemeinde gegeneinander Krieg führen, sind interessant, weil es Momente gibt, in denen sie sich merkwürdig ähnlich sehen. In beiden Welten werden Sie etwas sehen, was aussieht wie geistliches Feuer. In der einen Welt kommt dieses Feuer von Gott und hat echte Kraft. In der anderen ist es von Menschen gemacht und deshalb kraftlos und irreführend. Auf dem einen Planeten gibt es Worte und Musik und Verhaltensweisen und Behauptungen, die zu demonstrieren scheinen, dass seinen Bewohnern aufrichtig daran liegt, zu tun, wonach Gott von Herzen verlangt. In Wirklichkeit aber sind all diese Dinge hohl und praktisch bedeutungslos. Auf dem anderen Planeten aber sind sie gefüllt mit dem aufrichtigen Streben derer, die wissen, dass sie schwach sind und nichts tun können, die aber auch glauben, dass Gott stark ist und alles tun kann. In der einen Welt wird leidenden, verletzten Menschen gesagt, sie könnten Befreiung und Heilung finden, wenn sie zu treuen Bürgern werden. In Wirklichkeit aber wird ihnen nicht die Freiheit zugestanden, ihren Schmerz auszudrücken, sodass sie gezwungen sind, Heilung zu spielen wie Schauspieler auf einer Bühne. In der anderen Welt verbietet die Fürsorglichkeit den Menschen niemals den Mund. Im Gegenteil, sie schließt sie auf und begleitet sie genau so, wie sie sind, so lange, wie es nötig ist. Auf dem einen Planeten werden bedrohliche offene Räume rasch ausgefüllt, bevor Gott die Chance hat, hineinzukommen. Auf dem anderen gibt es große Bereiche, in denen Gott seine Muskeln strecken kann, so viel und wie er will.

Genug. Mein Thema fängt wieder an zu flackern. Es gibt in diesem Buch viel zu lachen und zu weinen. Ich hoffe, es macht Ihnen Freude. Womit sollen wir anfangen? Ich weiß: Nur, um uns ein wenig aufzuheitern, lassen Sie uns über das Thema »Tod« nachdenken.

1 TOD

Wie ich schon bei vielen Gelegenheiten gesagt habe, wird man, wenn man an der Oberfläche eines Christen kratzt, darunter im Allgemeinen ein menschliches Wesen vorfinden. Aber warum muss man dazu erst kratzen? Wovor fürchten wir uns, und welche Ängste werden durch diese Panzerschalen aus streng kontrollierten religiösen Übungen oder gedankenlosem, grundlosem Optimismus gelindert oder verborgen? Ist es vielleicht so, dass wir als Gemeinde Jesu das Grauen vor der unausweichlichen Dunkelheit genauso weit von uns schieben, wie es der Rest der Welt tut, nur dass wir dazu andere Mittel anwenden? Wir Möchtegern-Nachfolger Jesu werden wohl akzeptieren müssen, dass Leben und Tod unser Geschäft sind, besonders, wenn wir auf den Ruf Jesu im vierten Kapitel des Johannesevangeliums reagieren wollen, wo er uns aufruft, zu Arbeitern zu werden und ihm bei der Ernte zu helfen.

Fast niemand möchte gerne den Tod in die Arme schließen, aber in der rauen Welt der geistlichen Wirklichkeit werden wir es müssen.

Unterwegs zum Grab?

Fangen wir damit an, dass ich ein wenig darüber jammere, dass ich dem Moment meiner eigenen Begegnung mit dem Tod immer näher komme.

Verfasser christlicher Satire wissen, dass mit diesem Genre ein gewisses Risiko verbunden ist, besonders, wenn sie sich über die Notwendigkeit im Klaren sind, sich eine gewisse Schärfe zu bewahren. Mal gewinnt man, mal verliert man; so lehrt die Erfahrung. Aber wenn man darüber nachdenkt, geht es ja beim Risiko um nichts anderes. Und diese Sache mit dem Tod ist ein gutes Beispiel dafür.

Auf bestem Wege zu meinem dreiundsechzigsten Geburtstag stelle ich fest, dass in der langen Schlange der Sorgen, die meinem herrlichen Glaubensheldenleben unentwegt auf den Fersen ist, der Tod sich grinsend immer weiter nach vorne drängelt. Älterwerden ist eine Last. Ich will es nicht. Es gefällt mir nicht. Jetzt, wo ich endlich angefangen habe, die Aktivitäten in meinem Leben in eine halbwegs vernünftige Prioritätenfolge zu bringen, ist es doch wohl lächerlich, dass mir nicht mehr viel Zeit bleibt, sie in die Praxis umzusetzen. Hier ist ein albernes Gedicht, das etwas von meiner gegenwärtigen Angst ausdrückt.

Du weißt, du wirst alt

Du weißt, du wirst alt, wenn eine attraktive Frau dich
spielerisch anblinzelt, dich »junger Mann« nennt und
dich mit einem perlenden kleinen Lachen fragt, ob du
nicht ihr Kuschelbärchen sein möchtest

Wenn die meisten Partys, auf die du gehst, Versammlungen
leichenhafter oder übergewichtiger Leute sind, die den
ganzen Abend über auf denselben Stühlen sitzen wie graue
Statuen, sich an einem trostlosen Glas Wein festhalten und
sich über den Wert ihrer Häuser und den Zustand ihrer
Beine unterhalten

Wenn niemand einen Nachweis sehen möchte, dass du
beim Eintritt in den Nationalpark Anspruch auf den
Seniorenrabatt hast

Wenn Männer von Mitte dreißig mit schwarz geränderten
Brillen und volltönenden Stimmen die Fingerspitzen

aneinanderlegen und dir sagen, dass du immer noch
viel zu bieten hast

Wenn du zutiefst fasziniert bist von dem Umstand, dass
»Liebe« ein Anagramm für »Beile« ist

Wenn das Einzige, was du krachen lässt, deine Hosennähte
sind

Wenn der Weg die Treppe hinauf eine Reise ins
Unbekannte ist

Wenn du oben angekommen bist und dich in einem
Badezimmer befindest und merkst, dass es jedes beliebige
Badezimmer auf der Welt sein könnte

Wenn jeder andere im Universum glaubt, die meisten
deiner Probleme ließen sich mit einer Tasse Tee lösen
und alle übrigen mit einem Vollkornkeks

Wenn du dich von jungen Leuten mit langgestreckten
Leibern und nach hinten gedrehten Schirmmützen,
die wild auf Tennisbälle eindreschen, bedroht fühlst

Wenn du beim Anblick eines Kinderwagens anfängst,
zu sabbern und zu gurren und Laute des Entzückens
auszustoßen, bevor du dich vergewissert hast, dass auch
wirklich ein Baby darin ist

Wenn deine Kinder dich zu überreden versuchen, dein
Geld für dich selbst auszugeben anstatt für sie

Die undurchdringliche Mauer

So milde erheiternd diese grausigen Anzeichen des unausweichlichen Untergangs sein mögen, ist doch der Tod eines Menschen, den wir lieben, im Allgemeinen etwas Furchtbares. Solch ein Verlust kann wie eine hoffnungslos hohe, feste und undurchdringliche Mauer sein. Sie können sie nicht überwinden. Darüberklettern kommt nicht infrage. Sie können überhaupt nichts daran ändern. Was die Sache häufig noch schlimmer macht, sind die dämlichen Bemerkungen oder Verhaltensweisen von denen unter uns, die ihre eigenen Angst- und Unzulänglichkeitsgefühle einfach nicht in den Griff kriegen können oder wollen, wenn sie mit dem unsäglichen Schmerz eines Verlustes bei anderen konfrontiert werden. Sämtliche der wenig hilfreichen Bemerkungen in der nun folgenden Szene wurden freundlicherweise von den Leuten beigesteuert, die sie bei dieser oder jener Gelegenheit über sich ergehen lassen mussten. Es gibt noch andere, schlimmere Beispiele, die ich hier nicht verarbeitet habe. Manche davon würden Sie nicht glauben. Viele haben mehr Geschichten von Freunden, Bekannten und Mitgliedern ihrer Gemeinden erzählt, die allen Ernstes die Straßenseite wechselten, um der Peinlichkeit einer Begegnung mit solch frischer Trauer aus dem Weg zu gehen. Seien wir ehrlich. Die meisten von uns haben sich irgendwann in ihrem Leben schon einmal solche Rücksichtslosigkeiten zuschulden kommen lassen, weil wir einfach nicht wissen, was wir sagen oder wie wir uns verhalten sollen.

Und darum war es (meiner Meinung nach) das Risiko wert, »Bist du schon darüber hinweg?« öffentlich vorzulesen und aufzuführen. Bei der überwiegenden Mehrzahl derer, die einen Verlust erlitten haben, hat es eine befreiende Wirkung, nicht trotz, sondern gerade wegen der lustigen Momente, die aus dem Text entstehen. Hin und wieder reagiert auch jemand empört. Worum es aber geht, ist, dass die Szene eine Möglichkeit bietet, darüber zu reden, wie man auf hilfreiche Weise auf Leute zugehen kann, die von einem qualvollen Verlust betroffen sind. Hier sind nur einige der Vorschläge, die dazu gemacht wurden.

Ich möchte wirklich über die Person sprechen, die ich verloren habe. Bitte frag mich.
Sei einfach da. Du musst gar nichts Besonderes tun.
Versuch nicht, mein Problem zu lösen oder meinen Schmerz mit hohlem religiösem Geschwätz oder falschem Optimismus zu verwässern. Das wird nicht funktionieren.
Hab keine Angst davor, mit mir zu lachen. Ich muss diese Muskeln in Bewegung halten.
Schau mir in die Augen, sonst muss ich am Ende noch dich trösten.
Versuche, keine Angst vor mir zu haben. Ich brauche dich.
Back mir einen Apfelkuchen.

Unsere Freundin Liz hat uns sehr geholfen, über diese Dinge nachzudenken. Liz war nach dem Tod ihres Mannes Ian am Boden zerstört. Er war ein origineller, kreativer, von Herzen freundlicher und äußerst gebildeter Mensch gewesen. Bridget und ich besuchten Liz zu Hause am ersten Jahrestag des Todes von Ian. Unter anderem unterhielten wir uns über die interessante Auswahl von Klischees, die Menschen in Trauer über sich ergehen lassen müssen. Am schlimmsten fand Liz das Klischee, das ich als Titel für diese Szene verwendet habe.

Bist du schon darüber hinweg?

Bist du schon darüber hinweg?
Nein, ich bin noch nicht darüber hinweg. Ich bin noch keinen Schritt vorwärtsgekommen. Mir ist es ergangen wie den beiden Jüngern auf der Straße nach Emmaus, die nur reglos dastanden und traurig aussahen. Falls ich mich doch ein unmerkliches Stückchen bewegt haben sollte, bin ich wohl eher darunter als darüber hinweg.

Sie ist nur ins Nebenzimmer gegangen.
Ins Nebenzimmer? Nur ins Nebenzimmer gegangen? Im Nebenzimmer war sie während der letzten acht Jahre. Im Nebenzimmer habe ich sie gepflegt und gefüttert, habe ihr vorgelesen und ihr beim Sterben zugesehen. Ich kann dir versichern, dass sie nicht mehr im Nebenzimmer ist. Sie ist in überhaupt keinem Zimmer. Ich habe nachgeschaut. Ich habe alles durchsucht. Sie ist irgendwo anders.

Die Zeit heilt alles.
Ihn hat sie nicht geheilt.

Weißt du, mein Onkel ist an genau derselben Krankheit gestorben.
Das tröstet mich sehr.

Wenigstens ist er jetzt im Himmel und hat glücklich seinen Frieden gefunden.
Menschenskind! Ich bewundere diese theologische Gewissheit. Hast du für dich selbst auch so viel Glauben wie für ihn?

Sie ist jetzt an einem viel besseren Ort.
Vielen Dank. Das hier war ein sehr schöner Ort, als sie noch da war. Sogar ein außerordentlich schöner Ort. Ich fürchte, mir ist nie klar geworden, wie schön er eigentlich war.

Ich weiß genau, was du empfindest.
Wirklich?

In gewissem Sinne ist es am besten so.
Am besten? Für wen ist es am besten? Für mich? Für dich? Für den Herzog von Edinburgh? Für Shirley Bassey? Es ist nicht am besten so. Es ist am schlimmsten so.

Er hat am Ende nicht gelitten.
Nein, und darüber bin ich froh. Aber ich. Ich habe gelitten.

Sie würde nicht wollen, dass du trauerst.
Okay, dann lasse ich es. Das heißt, eigentlich glaube ich, sie wäre vielleicht ein bisschen enttäuscht, wenn ich – völlig unbewegt bliebe. Was meinst du?

Du darfst dir keine Vorwürfe machen.
Ich darf nicht? Tue ich aber. Ich mache mir Vorwürfe. Ich mache mir alle möglichen Vorwürfe. Ich mache mir Vorwürfe, weil ich nicht drei Millionen Mal öfter gesagt habe, dass ich sie liebe. Weil ich nichts an den Kleinigkeiten an mir geändert habe, die ihr so viel bedeutet hätten. Ich mach mir Vorwürfe wegen Dingen, die ich getan und die ich nicht getan habe. Wegen Dingen, die ich begangen und die ich unterlassen habe, wegen allem Möglichen. Ja, ob ich nun darf oder nicht – ich mache mir Vorwürfe.

Er ist dir immer noch so nahe, wie er es je war.
Nein, ist er nicht.

Du wirst sie bald wiedersehen können.
Ach ja? Dann bestelle ich wohl besser für morgen die Milch ab.

Gethsemane, das Leiden und das Gebet um Befreiung

Die Auswirkungen von Tod und Katastrophen bekommen viele Menschen, auch Christen, auf vielerlei Weise zu spüren. Wie sollen gläubige Menschen in Bezug auf das Leid beten? Einen unwillkommenen Fingerzeig dazu könnte uns das geben, was Jesus im Garten Gethsemane erlebte. Eine der Äußerungen, die er dort tat, will mir seit einigen Monaten nicht mehr aus dem Kopf gehen. »Ich zerbreche beinahe unter der Last, die ich zu tragen habe.«

Sind das nicht schreckliche, einsame Worte? Der Erlöser der Welt, dieser Mensch, der auf geheimnisvolle Weise auch Gott war, zerbrach beinahe unter der Last der Angst und des Kummers, während ein paar Meter entfernt seine Freunde selig schlummerten. Mit anderen Worten, er war kurz davor, zu scheitern. Kein Wunder, dass er ein letztes Mal darum flehte, von dem Grauen, das ihn erwartete, befreit zu werden. »Mein Vater, wenn es möglich ist, so erspare mir diese schwere Stunde.«

Offensichtlich war es völlig legitim, dass Jesus darum bat, dass der Kelch des Leidens von ihm genommen werde, aber nur, weil er auch bereit war, die Möglichkeit zu akzeptieren, dass es nicht sein konnte. Und das konnte es auch nicht. Als Akt des Gehorsams musste er unendliche Schmerzen und Demütigungen auf sich nehmen und die Trennung von seinem Vater ertragen, als er ihn am dringendsten brauchte. Die Lektion ist hammerhart und kompromisslos und klar. Wir dürfen Gott bitten, jeden Kelch des Leidens von uns zu nehmen, der uns nicht verlockend erscheint. Daran ist nichts verkehrt. Aber wenn dieser Kelch des Leidens für seine Pläne für uns, für andere oder für die ganze Welt unerlässlich ist, dann sind wir aufgefordert, ihn zu leeren, auch wenn wir es zähneknirschend und nur aus purem Gehorsam tun. Es wird schwer sein. Natürlich wird es das. Wie Jesus selbst uns eines Tages bei einer geselligen Tasse Ambrosia (nicht Reis) in Erinnerung rufen wird: Der Geist mag willig sein, aber das Fleisch ist schwach.

Waren Sie schon jemals kurz davor, unter Ihrem Kummer zu zerbrechen? Ich vermute, Sie haben es schon erlebt. Gott jedenfalls hat das erlebt. Wir stecken alle gemeinsam darin. Lassen Sie uns also versuchen, füreinander wach zu bleiben.

In guter Gesellschaft

Für die Jünger Jesu muss der Samstag nach seinem grauenhaften Tod ein dichter Nebel der Enttäuschung und Dunkelheit gewesen sein. Ich kenne den Schmerz, Menschen zu verlieren, die ich sehr liebe. Aber was die Jünger damals durchmachten, habe ich wohl beim Tod meiner Großmutter am besten verstanden, als ich sechs Jahre alt war.

Wie war es möglich, dass ein so helles Licht ausgelöscht wurde? Was bedeutete das überhaupt, dieses Ding, das Tod genannt wurde? Warum war mir ein so wichtiger Teil meines Lebens entrissen worden, ohne dass ich einen guten Grund dafür erkennen konnte? Wie sollte ich den schweren schwarzen Schatten, der sich in meinem Bauch eingenistet hatte, kaum dass ich die Nachricht hörte, je wieder vertreiben? Manchmal in den folgenden Wochen war es kein Schatten. Es war ein grausames Geheimnis mit scharfen Kanten, die sich erbarmungslos in die Normalität hineingefressen hatten. Noch heute, über fünfzig Jahre später, gibt es Momente, in denen sich diese Wunde öffnet. Der Hass gegen den Tod und das Grauen vor ihm gehören zu dem, was ich bin, und so wird es wohl für den Rest meines Lebens bleiben. Freilich kämpfen in dieser Frage keine Welten gegeneinander, soweit es mich betrifft. Ich brauche keine Seelsorge, um mir darüber hinwegzuhelfen, vielen Dank. Wie wir gesehen haben, besteht kaum ein Zweifel, dass auch Jesus den Tod hasste. Ich bin also in guter Gesellschaft.

Hier ist einer jener trauernden, seelenkranken Jünger, der sich im Nebel jenes schrecklichen Wochenendes verirrt hat.

Der Jünger, der den Sonntag fürchtete

Ich verstehe das nicht.

Herr Jesus, wenn meine Worte an diesem dunklen, schmerzerfüllten Samstagabend zu dir aufsteigen, dann höre bitte, wie ich aus tiefstem Herzen zu dir schreie, dass ich nicht verstehe. Ich glaube, nicht ein Einziger von uns versteht es. Wir, deine Jünger, warten hinter diesen verschlossenen Türen wie die Toten, wie stumme Holzbalken, die man achtlos an die Wand gelehnt oder auf den Boden gelegt hat, da sie keinen Zweck mehr erfüllen. In unseren Köpfen brennen tausend Fragen, und eigentlich sind sie alle ein und dieselbe

Frage. Warum ist die Blume nicht aufgeblüht? Warum hat sich der Wein in Wasser verwandelt? Warum sind unsere Wunden wieder aufgerissen worden? Warum hat sich Hoffnung in Verzweiflung gekehrt? Wo ist das Licht, das uns die Richtung weist? Wo bist du? Meister, wo *bist* du? Du bist nicht hier bei uns.

In Gethsemane hast du uns verboten, Schwerter zu gebrauchen, Herr Jesus. Steckt die Schwerter weg, hast du befohlen. Verteidigt euch nicht. Wenn du wolltest, könntest du deinen Vater anrufen, und er würde dir über zwölf Legionen von Engeln zur Verfügung stellen. Das hast du gesagt. Zwölf Legionen? Nun, warum hast du es dann nicht getan? Warum nicht? Wie sollen wir einfachen Leute begreifen, dass es in deiner merkwürdigen, auf den Kopf gestellten Sicht des Himmels und der Erde fruchtbarer ist, zu scheitern und zu sterben und deine Freunde im Stich zu lassen, als Erfolg zu haben und zu leben und über die allgegenwärtigen Mächte des Bösen zu triumphieren? Ich erinnere mich an etwas, was du einmal gesagt hast:

»Ein Weizenkorn, das nicht in den Boden kommt und stirbt, bleibt ein einzelnes Korn. In der Erde aber keimt es und bringt viel Frucht, obwohl es selbst dabei stirbt.«

Ein gutes Bild. Eine Wahrheit, die man sich einprägen und über die man immer wieder nachdenken sollte. Weizenkörner bringen tatsächlich viel Frucht hervor. Aber, Herr, du warst kein Weizenkorn. Du warst ein Mensch. Jetzt bist du tot. Und ein toter Mensch bringt keine Ernte lebendiger Menschen hervor. Oder doch?

Du bist im Grab, und wir, deine lebendigen Knechte, sind in Trauer begraben. Wir sehnen uns danach, dein Gesicht zu sehen. Wir sehnen uns nach deiner Stimme. Wie sollen wir weitermachen, jetzt, wo uns deine Weisheit und Kraft fehlen? Die Zukunft ist eine Wüste. Wenn die Nacht hereinbricht, werden wir versuchen zu schlafen, aber der Hohn des Morgens wird gewiss kommen. Herr Jesus, meine Augen füllen sich mit Tränen. Wie soll ich dem morgigen Tag ohne dich begegnen?

Klamm und scheußlich

Es wird Sie nicht überraschen zu hören, dass ich nicht nur den Tod verabscheue, sondern es auch schon immer gehasst habe, auf Beerdigungen oder Trauerfeiern zu gehen, besonders, wenn sie in solchen scheußlichen, teakholzinfizierten, scheunenähnlichen Bauten stattfinden, die von einer dunkelbraunen düsteren Atmosphäre gesättigt sind, wo man schon weiß, dass alles in zwanzig Minuten vorbei sein muss, weil sich draußen in dem herzlos blühenden Ziergarten bereits eine trübsinnige Schlange pinguinherdenähnlicher Grüppchen von Trauernden bildet. Ich weiß nie, was ich da denken oder fühlen oder tun soll. Es ist alles so klamm und scheußlich. Das Schlimmste ist vielleicht die Gewissheit, dass die meisten Menschen, die ich geliebt und verloren habe, fassungslos blinzeln oder sogar herzhaft lachen würden über das Missverhältnis zwischen dem, wie sie wirklich waren, und der Art und Weise, wie ihres Verlustes gedacht wird. Verstehen Sie mich nicht falsch. Ich habe noch nie die Neigung verspürt, an den Gräbern von Menschen, die ich liebe, herumzuhüpfen und Freuden- und Jubellieder zu singen. Wie ich schon gesagt habe: Der Tod macht mir Angst. Ich bin von ihm angewidert, genau, wie Jesus es war, und die Verheißung des Himmels ist ein wackeliges Floß, das mich bei solchen sturmgepeitschten Gelegenheiten nur mit Mühe und Not über Wasser hält.

Tatsache ist, dass ich, da ich nun einmal so schwer an der Zwillingskrankheit der Albernheit und Respektlosigkeit leide, dazu neige, mich inmitten der ernsthaftesten Zeremonien in allen möglichen bizarren Fantasien zu ergehen. Neulich zum Beispiel stand ich in einer Gruppe von vierzig oder fünfzig Trauernden, als der eingesargte Leichnam eines alten Freundes langsam in seine grausige Grube hinabgelassen wurde. Was für ein ordentliches und perfekt geformtes Behältnis, überlegte ich, für die grobgezimmerte Wirklichkeit des Todes. Ein Krampf inneren Widerwillens packte mich. Ich wendete meinen Blick ab und versuchte mich abzulenken, indem ich unauffällig die Gruppe der Umstehenden musterte. Während ich das tat, kam mir eine Frage in den Sinn. Wie wäre es, wenn einer dieser fürchterlich energiegeladenen, immer ungeduldigen Hochzeitsfotografen mit Sprungfedern statt Beinen damit beauftragt worden wäre, diese Veranstaltung der Nachwelt zu überliefern? Wie hätte er wohl diese schwarz gekleidete Schar organisiert und angesprochen?

Der Begräbnisfotograf

»Okay, die unmittelbaren Angehörigen des Toten bitte – nein, ich sagte die *unmittelbaren* Angehörigen, ja? Sie drei treten bitte zur Seite. Ja, Sie auch. Gehen Sie bitte aus dem Bild. Nein, Sie nicht! Sie! Sie kommen mit dazu! Hören Sie, kriegen wir das vielleicht hin? Ich habe heute noch drei Beerdigungen. Könnten Sie bitte – danke schön! Gut! Sehr schön! (*KLICK! KLICK! KLICK!*) Und nun die Freunde des Toten bitte. Wenn Sie zur Familie gehören, können Sie keine Freunde sein, oder? Nein, ich habe keine Zeit, darüber zu diskutieren. Freunde des Toten – hier drüben hin. Nein, Sie können jetzt gehen. Ja, gehen Sie nur! Die Freunde des Toten stellen sich bitte hinter dem Grab auf. Kommen Sie, zügig marschiert, fallen Sie ein! Bitte nicht wörtlich nehmen. Ha-ha! Die Kleinen nach vorne. Die Großen nach hinten. An den Seiten bitte enger zusammenrücken. Machen wir es uns schön kuschelig! Gut so. (*KLICK!*) Entschuldigung, Leute, aber können wir das mit dem Grinsen vielleicht lassen? Schließlich ist das hier eine Beerdigung. Es lächeln immer noch einer oder zwei. Kommen Sie! Denken Sie doch an den lieben Entschlafenen, wie er kalt und tot in dieser Kiste liegt. Denken Sie an Tränen, denken Sie an Trauer, denken Sie traurig, traurig, traurig! So ist es besser. Das ist wunderbar! (*KLICK! KLICK! KLICK!*) Danke sehr! Und jetzt ein schönes großes Gruppenbild. Bitte alle aufstellen. Der Pfarrer in die Mitte. Eine ordentliche Portion Mitgefühl mit einem Schuss Hoffnung bitte, Herr Pfarrer. Sie kennen ja das Prozedere. Nein, ich möchte, dass Sie mitfühlend aussehen, nicht so, als ob Sie sich gleich übergeben müssten. Die Kirche in ihren besten Momenten, verstehen Sie. Eine schöne kräftige Mischung aus Würde und Empathie. Ja, *gut*! Oh, *sehr* schön! (*KLICK! KLICK! KLICK!*) Gut, ich glaube, das hätten wir. Könnte mir jemand noch einmal den Namen sagen? Nicht, dass ich Ihre Bilder am Ende an die Taufgemeinde vom letzten Dienstag schicke. Ha-ha!«

Brief an Rob Frost

Beerdigungen sind düster und unbehaglich, aber sie sind nur ein Teil von alledem, was aus den Fugen gerät, wenn wir versuchen, uns mit dem völligen Verschwinden von Menschen abzufinden, die wir geliebt haben. Vielleicht gilt das besonders dann, wenn der betreffende Mensch eine außergewöhnlich lebhafte Persönlichkeit hatte. Man sieht sie nicht mehr, aber man bringt es auch nicht fertig, sie *nicht* zu sehen, wenn Sie wissen, was ich meine. Wahrscheinlich wissen Sie es nicht. Ich glaube, ich weiß es selbst nicht, aber ich weiß, es hat etwas Wichtiges zu bedeuten.

Wo wir gerade von lebhaften Persönlichkeiten reden: Vor ein paar Jahren wurde ich gebeten, bei der Trauerfeier für Rob Frost etwas zu sagen. Ich hatte Rob schon seit einigen Jahren gekannt, hauptsächlich als den mitreißenden Leiter von Easter People, dem Methodistenfestival, zu dem Tausende von Menschen an diversen Veranstaltungsorten quer durch Großbritannien strömen. Ich mochte Rob sehr gern. Leider war es mir wegen eines Terminkonflikts nicht möglich, selbst an der Trauerfeier teilzunehmen. Immerhin konnte ich einen Beitrag senden, den jemand anderes vorlas. Was für eine Form sollte ich dafür wählen? Nachdem ich mir darüber lange den Kopf zerbrochen hatte, beschloss ich, ihm einen Brief zu schreiben. Ich weiß nicht einmal, wer ihn dann letzten Endes vorlas. Ich war nicht dabei. Aber Rob war dort. Er hat ihn gehört.

Lieber Rob,
da Du jetzt im Himmel bist, kann ich so grob sein, wie es mir passt. Bevor ich Dir zum ersten Mal begegnete, sah ich in einer Zeitschrift ein Foto von Deinem Gesicht. Es sah Dir nicht besonders ähnlich, und ich weiß noch, dass ich fand, Du sähest aus wie ein Jahrmarktsbudenbesitzer. Später wurde mir dann klar, dass ich damit gar nicht so falschlag. Du und Jesus und der durchschnittliche Jahrmarktsbudenbesitzer, Ihr hattet schon immer ein wesentliches Merkmal gemeinsam: Ihr wolltet mit aller Kraft und Leidenschaft so viele Nieten einsammeln wie möglich. Du warst völlig versessen auf Jesus, nicht wahr, Rob? Ob Du in Hochstimmung warst oder völlig verzweifelt, erschöpft oder ausgeruht, voll guten Mutes oder tief enttäuscht, Du hast nie das Verlangen verloren, zu erleben, wie Menschen bewusst wird, dass Jesus das einzige Licht ist, das sie in jeder erdenklichen Dunkelheit brauchen.

Meine Erinnerungen an Dich sind wie Schnappschüsse.

Ich erinnere mich, wie ich einmal auf der Bühne saß, während Du sprachst. Du hattest mich gebeten, ein paar Kleinigkeiten parat zu haben, damit Du hin und wieder, wenn Dir der Dampf ausging, eine kleine Pause einlegen könntest. Nach der zweiten dieser Predigtstrecken wandtest Du dich vom Mikrofon ab und kamst zu mir in den hinteren Bereich der Bühne. Dein Gesicht war bleich und angespannt von der schieren Leidenschaft des Kommunizierens. Du schieltest beinahe vor Erschöpfung.

»Geh hin und mach was«, keuchtest Du, »ich bin völlig ausgepredigt …«

Ich weiß noch, wie ich zu einem Auftritt bei Lantern Arts reiste und bei meiner Ankunft erfuhr, dass meine Frau Bridget, die dort zu mir stoßen wollte, auf der Autobahn einen schweren Unfall gehabt hatte. Die liebevolle und praktische Anteilnahme, die Jacquie und Du mir an diesem Nerven zermürbenden Abend zeigtet, werde ich nie vergessen.

Und ich erinnere mich, wie ich einmal bei Easter People auf der Bühne in einem kleinen Halbkreis von Leuten saß, die während der

Woche etwas beitragen würden. Du batest uns, einer nach dem anderen zu erklären, warum wir gekommen waren. Einer sagte, er sei dort, weil er erleben wolle, wie Jesus erhoben und angebetet würde. Ein anderer sprach davon, er hoffe zu erleben, wie das Reich Gottes zunehme. Der Dritte drückte sein Streben aus, den allmächtigen Gott verherrlicht zu sehen. Und so ging es weiter. Es hörte sich alles sehr beeindruckend an. Ich war als Letzter an der Reihe. Mir wollte nichts Rechtes einfallen. Es war eigentlich nicht mehr viel übrig, was ich noch hätte sagen können. Alle guten Sprüche hatten sich die anderen schon unter den Nagel gerissen.

»Und warum bist du hier, Adrian?«, fragtest Du.

»Wegen des Geldes«, erwiderte ich.

Du tatest so, als wärst Du entsetzt.

»Das will ich doch nicht hoffen!«, riefst Du. »Ich muss nachher mit Marian sprechen. Offenbar zahlen wir euch zu viel.«

Aber Du hast uns nicht zu viel gezahlt, Rob. Du hast uns auch nicht zu wenig gezahlt, aber darum ging es nicht. Keiner von uns hat je wegen des Geldes etwas für Dich getan. Wir haben es getan, weil Du eine der größten Gaben von allen hattest: die Fähigkeit, Menschen zu zeigen, dass Du sie wirklich schätztest. Dazu fallen mir jede Menge Schnappschüsse ein. Winzige Erinnerungen an Gesichter, die aufleuchteten, wenn Du jeden einzelnen Menschen so begrüßtest, als wäre er oder sie die wichtigste Person auf der Welt. Und weißt Du was, Rob? Das war es, was Dinge wie Easter People zu etwas so Besonderem machten. Denn diese Haltung sickerte herab und beeinflusste jeden Aspekt des Festivals. Bei Easter People gab es niemals Christen zweiter Klasse. Was für eine Leistung.

Nun bist Du also losgezogen, um auszukundschaften, ob all das, worüber wir reden, wirklich wahr ist. Wir beide hatten immer vor, mehr Zeit miteinander zu verbringen, nicht wahr, Rob? Hin und wieder einen Abend in einer jener gemütlichen Kneipen in Sussex zu verleben, von denen ich Dir immer erzählt habe. Das wird jetzt warten müssen, aber auf der neuen Erde wird das Bier bestimmt noch besser schmecken. Ich will Dich nicht länger aufhalten. Wahrscheinlich bist

Du gerade mitten dabei, Gabriel zu überreden, bei irgendeiner himmlischen Großveranstaltung die Parkplatzorganisationen zu übernehmen. Danke für alles, was Du warst und bist, Rob. Ich werde Dich vermissen. Bis später. Mach's gut, Kumpel. Alles Liebe, Adrian.

Was für eine Auferstehung?

Der physische Tod von Rob Frost oder irgendjemandem, den wir geliebt haben, kann eine unsäglich schmerzhafte Erfahrung sein. Was wird das für ein herrlicher Tag sein, wenn wir uns wiederbegegnen. Allerdings gibt es mehr als nur eine Art von Tod, und manchmal müssen wir uns entscheiden, ob wir auferstehen wollen oder nicht, und in welchem Sinne.

Ich bin Leuten begegnet, die von der plötzlichen Erkenntnis überfallen wurden, dass eine Ansicht oder ein Standpunkt, an die sie sich mit beiden Händen geklammert hatten, dabei war, ihnen durch die Erfahrung oder die Umstände entrissen zu werden. Das kann ein zermürbender Schock sein. Wie sollen wir mit der Aussicht umgehen, einen Teil von uns selbst zu verlieren, der in wesentlichem Maße die Identität ausmacht, die wir unserer Außen- und Innenwelt präsentierten? Eine entscheidende Frage ist das zum Beispiel für diejenigen, die routinemäßig die Authentizität des Glaubens bestreiten und dann Gott auf so unleugbare Weise begegnen, dass eine radikale Entscheidung getroffen werden muss. Ich denke, es gibt zwei Möglichkeiten, und beide haben mit einer Art Auferstehung zu tun.

Die erste Möglichkeit ist eine Art falscher Auferstehung. Es ist möglich, wegzugehen und Abstand zwischen sich und den Verlust und den Schmerz und das Risiko und die Möglichkeiten des Neuen zu bringen. Das kann man schaffen. Sie brauchen nur die Wahrheit in der tiefsten Grube zu begraben, die in Ihrem Herzen zu finden ist, und den Irrtum, von dem Sie sich bisher genährt haben, einer eiligen Wiederbelebungsmaßnahme zu unterziehen.

Saulus von Tarsus hat es auch einmal so gemacht, nicht wahr? Erinnern Sie sich an sein Zeugnis vor Agrippa in Apostelgeschichte 26? Dort schildert er, wie die Macht Gottes ihn von seinem Pferd stürzte und Jesus die folgenden denkwürdigen Worte sprach: »Saul, Saul, was verfolgst du mich? Es ist sinnlos, dass du gegen mich ankämpfst.« Saulus hatte schon seit einiger Zeit verleugnet, was in seinem eigenen Herzen vor sich ging, aber an diesem lebensverändernden und weltverändernden Tag legte Gott ihm einen regelrechten Hinterhalt.

Die zweite Möglichkeit besteht darin, sich nach der wahren Auferstehung auszustrecken, diese Änderung anzunehmen, das Risiko einzugehen, sich aufzumachen zum Licht. Dazu gehört eine Art Tod, und möglicherweise ist ein stattlicher Preis dafür zu zahlen. Aber darin stecken auch eine zweite Geburt und die Verheißung geistlicher Authentizität. Lohnt sich das? Ich werde Ihnen Bescheid sagen. Geboren werden tut weh.

Die meisten von uns haben nicht solche dramatischen und unausweichlichen Erfahrungen wie Saulus auf der Straße nach Damaskus. Viele stecken in der Verleugnung fest. Im Folgenden stelle ich Ihnen einen Mann vor, der diese Wahl treffen muss, von der ich gerade geredet habe. Alt oder neu? Falsch oder wahr? Was für eine Auferstehung soll es sein?

Der Mann, der beim letzten Abendmahl den Wein servierte

Ich war bei jenem letzten Abendmahl dabei.

Ich mische mich bei der Arbeit nicht in irgendwelche Dinge ein. Das habe ich noch nie getan. Ist nicht meine Art. Es ist schwierig genug, in einer Welt zu leben, geschweige denn in zwei oder drei, wie manche Idioten es tun. Meine Welt ist zu Hause. Da habe ich genug Probleme, ohne mich mit meinem aufgeblasenen Meister oder seinen gierigen Gästen oder irgendeinem dieser Bauern anzulegen, die ihre Brötchen im selben Haus verdienen wie ich. Wohlgemerkt, das soll nicht heißen, dass ich meinen Job nicht richtig mache. Das tue ich. Ich arbeite hart für meinen Lohn. Ich schiebe die Tische und Stühle hin und her, bediene an den Tischen, räume ab, tue alles, was von mir verlangt wird, solange es sich im Rahmen hält. Aber verlangen Sie nicht von mir, dass ich mich einmische. Regloses Gesicht, kaltes Herz. So bin ich nun einmal.

Vielleicht kündige ich. Gestern Abend, das war schon unheimlich, und auf unheimlich stehe ich nicht.

Also, stellen Sie sich Folgendes vor: Da kommt wieder einmal so ein religiöser Spinner daher und schindet bei meinem leichtgläubigen Meister genug Eindruck, dass er ihm für einen Abend seinen besten Raum überlässt. Da sitzt er nun also wie ein kleiner König, umgeben von dem verrücktesten Haufen durchgeknallter Jünger, den Sie im Leben gesehen haben, und mir fällt die Aufgabe zu, für den Weinnachschub zu sorgen. Kein Problem. Habe ich schon hundertmal gemacht.

Na schön. Ich werde es Ihnen sagen. Ich sage es nur einmal, aber ich werde es Ihnen sagen. Nach dem Essen hält der Rabbi seinen Kelch hoch. Ich fange an, ihn zu füllen. Wein fließt, wie Wein schon immer geflossen ist. In meinem Kopf wird alles dunkel. Schwärze verwandelt sich in ein kräftiges Rot. Das ganze Gebäude zittert. Die Welt reißt sich selbst entzwei. Es kracht, knarrt, donnert, ächzt. Millionen Tonnen Gestein zersplittern, brechen, zerbersten. Ich trudele durchs Chaos und suche nach einem Ort, wo ich landen kann. Eine Explosion des Lichts. Friede. Alles wieder normal. Der Kelch des Rabbis ist gefüllt.

Das war's. Unheimlich. Ich kündige vielleicht.

2 GEBET

Es gibt wahrscheinlich keine richtigen oder falschen Arten des Betens. Wenn es von Herzen kommt, dann singt es. Allerdings ist es eine traurige Tatsache, dass viele Christen immer mehr Mühe mit dem Beten haben, je älter sie werden. Was sind das für Schlachten, die wir ausfechten müssen, wenn wir Boden für ehrliche Kommunikation mit Gott gewinnen wollen? Eine Bitte meiner Tochter hat mich ins Nachdenken gebracht.

Die Sprache des Gebets

Während ich dies schreibe, hat Kate gerade zwei Drittel ihres ersten Jahres als Lehrerin für Tanz und Choreografie an einer katholischen Oberschule in Newcastle upon Tyne hinter sich. Kurz nach dem Beginn ihres Schuljahres fragte sie mich, ob ich ihr bei einem Beitrag zu einer Veranstaltung helfen könne. Thema war das Problem, durch Gruppendruck auf Abwege geführt zu werden. Zu der Präsentation sollte ein Gebet gehören, das eine ihrer Schülerinnen vortragen und das für alle verständlich sein sollte. Nachdem ich das folgende Gebet verfasst hatte, merkte ich, dass ich in meinem Bemühen um Worte und Sätze und Gedanken, die junge Leute ansprechen könnten, tatsächlich etwas geschrieben hatte, was eigentlich jeder Mensch sich ohne Weiteres aufrichtig zu eigen machen könnte.

Warum brauche ich so lange, um solche Lektionen zu lernen? Vor Jahren, als ich mit Kindern unterschiedlichen Alters in einer Heimsituation arbeitete, rief ich alle Kinder zusammen, um über ein kleines Transistorradio (kennen Sie die noch?) zu sprechen, das aus dem Mitarbeiterbüro entwendet worden war. Ich war mir absolut sicher, dass dieses »schwere« Verbrechen von einem unserer Jüngsten, einem achtjährigen Jungen namens Richard, verübt worden war. Dementsprechend achtete ich bei meiner Ansprache an die Gruppe darauf, dass mein Tonfall und meine Wortwahl sorgfältig auf diese Altersgruppe abgestimmt waren.

»Also«, sagte ich, wobei ich es vermied, Richard direkt anzusehen, und mich anhörte wie eine etwas strengere, aber warmherzig großmütterliche Version von Inge Meysel (kennen Sie die noch?), »ihr fragt euch sicher, warum ich euch alle zusammengerufen habe. Leider muss ich euch sagen, dass irgendjemand – *irgendjemand* – das kleine schwarze Radio aus dem Büro genommen hat, und ich glaube, die betreffende Person weiß, von wem ich spreche.« Ich machte eine eindrucksvolle Pause. »Ich möchte also, dass diese Person Folgendes tut: Sobald diese Versammlung beendet ist, möchte ich, dass du losgehst und das Radio von dort holst, wo du es versteckt hast, und es dann zu mir bringst und dich entschuldigst. Dann werden wir kein Wort mehr darüber reden. Wenn du das aber *nicht* tust – nun, dann werde *ich* zu *dir* kommen, und ich kann dir sagen, dass ich sehr, sehr böse sein werde. *Sehr* böse! Und das wird dir bestimmt nicht gefallen, oder?«

Schweigend defilierten sie hinaus, und zehn Minuten später klopfte es leise an der Bürotür. Herein stolperte ein hartgesottener achtzehnjähriger Junge namens Russ mit verlegener Miene und einem kleinen schwarzen Radio in der Hand. Meine Ansprache hatte gewirkt. Der richtige Todesfall, die richtige Wortwahl, der falsche Verdächtige. Hätte ich Russ für den Schuldigen gehalten, so hätte ich ihn nicht über eine öffentliche Versammlung zur Rede gestellt, und auf keinen Fall hätte ich eine so simple Methode angewandt.

Vielleicht gibt es für unsere Versuche zu beten etwas Ähnliches zu lernen. Ich mag viele liturgische Gebete einfach deswegen, weil ich schön geschriebene Prosa mit Herz liebe. Aber es ist gewiss an der Zeit, uns von dem unbeholfenen, pseudofrommen Schwachsinn zu befreien, den wir in sogenannten offenen Gebetsgemeinschaften hinausblöken. Gott muss es ziemlich enttäuschend finden, dass auf die angeregtesten Diskussionen unter Christen häufig eine Gebetszeit folgt, in der an die Stelle normaler, herzlicher Kommunikation trübe Mantren und formelhafte Bitten treten, vorgetragen in künstlicher, leicht sonderbarer Sprache.

Es erfordert natürlich einige Übung, sich in diesem Bereich zu verändern. Abgesehen von allem anderen steht manchen Leuten dabei die meist unausgesprochene Frage im Weg, ob sie überhaupt daran glauben, dass der Gott, zu dem sie sprechen, tatsächlich existiert. Ein trivialer, aber möglicherweise nicht unwichtiger Punkt. Laut zu jemandem zu sprechen, den man nicht sehen kann, ist in dieser Hinsicht eine regelrechte Selbstentblößung.

Jedenfalls werden wir nicht locker lassen mit unseren Versuchen, Gott gegenüber so herzlich und gesprächig zu sein, wie wir es bei unseren Freunden sind, und abzuwarten, was dann passiert. In Matthäus 6 schlägt Jesus vor, dass wir uns in unsere Zimmer zurückziehen, damit wir unter vier Augen mit unserem Vater sprechen können. Gute Idee und ein sehr guter Ort, um sich im Normalsein zu üben.

Dies ist das Gebet, das ich für Kates Mädchen und ihre Schulveranstaltung geschrieben habe.

Ein Gebet darum, stark zu sein und nicht auf Abwege zu geraten

Gott, unser Vater, meistens wollen wir irgendwie gut sein,
und wir wollen die richtigen Entscheidungen treffen,
was wir tun und wie wir uns verhalten. Aber manchmal ist
es richtig, richtig schwer. Was uns Angst macht, ist, dass wir
uns womöglich am Ende doof vorkommen, wenn wir am
Rand stehen, weil wir Nein gesagt und bei etwas nicht
mitgemacht haben, wovon wir wissen, dass es schlecht für
uns wäre. Wir haben es nicht gern, wenn über uns gelacht

wird. Wir hassen es sogar, und es ist so schwer, wenn man das Gefühl hat, nicht mehr dazuzugehören. Kannst du uns bitte helfen? Kannst du uns helfen, stärker und tapferer zu sein, wenn wir diese schwierigen Entscheidungen treffen müssen? Tief im Innern wissen wir ja, dass davon abhängen könnte, was für den Rest unseres Lebens aus uns wird. Danke, dass du uns zuerst liebst und an unserer Seite stehst und uns sagst, dass es okay ist, so zu sein, wie wir sind, statt schwach und nachgiebig zu sein und uns so zu verhalten, wie andere Leute offenbar denken, dass wir uns verhalten sollten. Vielen Dank, lieber Vater. Amen.

Keine fröhlichen Gesellen?

Wo wir gerade davon sprechen, uns in unser Zimmer zurückzuziehen und mit Gott zu reden – es ist meine feste Überzeugung, dass wir in dieser privaten, familiären Situation alles sagen können, was wir auf dem Herzen haben. Ich sage das, weil ich aus trauriger Erfahrung weiß, dass wir manchmal einfach nicht das Vertrauen aufbringen, dass Gott tatsächlich bereit sein könnte, Mülleimern wie uns zuzuhören.

Zu glauben, dass es bei Gott für geschlagene Verlierer wie mich und unzählige andere Flüchtlinge aus dem Jammertal der Finsternis und der Probleme eine Million Neuanfänge gibt, gehört zu den Dingen, die für uns Menschen am notwendigsten und zugleich am schwersten sind. Ich schätze, eines der Probleme dabei ist, dass wir, wenn wir knietief durch irgendwelche exkrementellen Erfahrungen waten, es kaum schaffen, dem Gedanken Raum zu geben, dass ein eifriger Gärtner genau diese Exkremente vielleicht ganz anders betrachten und sie Dünger nennen würde. Ich bin kein Gärtner, aber ich habe gehört, dass man mit Dünger Dinge zum Wachsen bringen kann. Rosen zum Beispiel. Meine Lieblingsblumen.

Die Wege Gottes sind geheimnisvoll, um nicht zu sagen äußerst merkwürdig, aber die Geschichte seines Umgangs mit leidenden, sündigen Menschen ergibt eine interessante Lektüre. Manchmal heilt er den Verstand oder den Körper oder den Geist – oder alle drei. Manchmal tut er es nicht. Woran liegt das? Ach, was könnte ich für einen unglaublichen Bestseller schreiben, wenn der Herr mir eine unwiderlegbare Antwort auf diese Frage gäbe. Ich habe dazu den einen oder anderen Gedanken, und vielleicht haben Sie auch ein paar, aber mit Sicherheit sagen kann ich in diesem Zusammenhang nur eines. Tief in meinem Herzen oder in meinem Geist oder wo auch immer man sich der Dinge am sichersten ist, bin ich davon überzeugt, dass dieser barmherzige, spielerische, hartnäckige, einfallsreiche, leidende, freundliche Gott nicht will, dass *irgendjemand* in einem Gefängnis der Vergangenheit festsitzt und dass er immer auf der Suche nach Wegen ist, um Freiheit möglich zu machen. Es könnte also sein, dass sich ein Versuch lohnt. Es könnte einen Versuch wert sein, mit ihm offen und ehrlich darüber zu reden, was passiert ist und was Sie nötig haben. Ja, natürlich weiß er es ohnehin schon, aber wir haben es doch alle gern, wenn die Leute, die wir lieben, mit uns reden. Und wenn bei Ihnen alles mehr oder weniger in Ordnung ist, warum halten Sie dann nicht Fürsprache für jemand anderen? Sie würden vielleicht staunen.

Was wünschen Sie sich am meisten auf der Welt? Sagen Sie es Gott. Fällt es Ihnen sehr schwer, sich selbst zu vergeben? Willkommen im Club, und sagen Sie es Gott. Haben Sie die Erfahrung gemacht, dass Gott sich manchmal nicht blicken lässt? Sagen Sie ihm, wie sehr Ihnen das zu schaffen macht, und fragen Sie ihn, was es zu bedeuten hat. Das wird ihm nichts ausmachen. Falls Sie unsicher sind, ob Sie so mit Gott reden dürfen, so lesen Sie die Psalmen. Fangen Sie mit Psalm 88 an. Dann wird es Ihnen gleich besser gehen. Wer immer dieses lustige Liedchen geschrieben hat, war nicht gerade ein fröhlicher Geselle …

Noch eine letzte Bemerkung zu diesem Thema und allgemeiner zu den Welten, die im Kontext des christlichen Lebens einander bekämpfen. Kürzlich trafen Bridget und ich eine junge Frau von nicht ganz zwanzig Jahren. Sie sah aus wie jemand, der den Rest seines Lebens verschoben hat, bis irgendein großes Problem gelöst ist. Genauso war es auch, wie sich herausstellte. Rachels Vater war gestorben, als sie acht Jahre alt war. Dieses Ereignis und die Gefühle, die es in ihr hervorrief, waren bei ihr nie richtig verarbeitet worden. Sie kam aus einer kirchlichen Familie, die sicherlich sehr fürsorglich war, die aber ebenso sicherlich nicht der Versuchung widerstehen konnte, die negativen Auswirkungen von Rachels Verlust »reparieren« zu wollen.

Rachels Innenwelt war dunkel und voller Zorn und Enttäuschung, aber vielleicht vor allem voller Verwirrung. Was war los? Dieser Gott, von dem man ihr erzählt hatte, der sie doch angeblich liebte und sich um sie kümmerte und sich für jedes kleine Detail ihres Lebens interessierte, hatte ihr, als sie noch klein war, ihren Vater weggenommen. Warum? Warum hatte er sie so sehr im Stich gelassen, als sie ihn am dringendsten brauchte? Das war nicht richtig, es war nicht fair, und sie hätte ihm gerne genau gesagt, was sie von seinem verpfuschten, gedankenlosen Akt der Vernachlässigung hielt. Sie brauchte ihren Vater, hier und jetzt, damit sie mit ihm reden und ihn um seinen Rat bitten und sich in schwierigen Zeiten auf ihn stützen könnte.

Die Welt, die jene wohlmeinenden Leute präsentierten, die Rachel im Lauf der Jahre Ratschläge erteilt hatten, sah ganz anders aus.

Gott hat immer einen Plan, und obwohl wir es jetzt nicht verstehen können, wird das auch beim Tod von Rachels Vater so gewesen sein.

Aus solchen Tragödien kann Gutes entstehen, Dinge, die die Liebe zunehmen lassen. Du wirst schon sehen.

Gott hat ebenso gelitten wie sie selbst. Dieses Wissen wird ihr helfen, ihre Trauer zu verarbeiten.

Jesus ist unser Fels, und sie sollte auf ihm und in ihm ruhen.

Was mich wahnsinnig macht, ist, dass ich jedem dieser Gedanken zustimme und jedem, der bereit ist, sie zu hören, dasselbe sagen würde. Aber das ist genau der Punkt. Wenn etwas so Schlimmes passiert, muss erst einmal Zeit sein, damit der Leidende fühlen darf, was er fühlt, denken darf, was er denkt, sagen darf, was immer er zu Gott sagen möchte. So hatte ich es empfunden, als meine Großmutter starb. Dabei spielt es nicht die geringste Geige, ob der Schrei, den wir loslassen, theologisch fehlerhaft oder respektlos oder unlogisch oder einfach nur ein tränenreiches Gestammel ist. Das ist die Welt, in der wir uns befinden, und das ist die Welt, in der wir abgeholt werden müssen. Gott kommt damit klar. Ja, wie jedem guten Vater ist es ihm sogar lieber, wenn alles herauskommt, weil das für den Menschen, den er liebt, besser ist. Den Menschen da zu begegnen, wo sie sind, ist sozusagen seine Spezialität, wie Jesus bezeugen kann. Dieser Drang, Menschen zu »reparieren«, ist eine Krankheit der modernen Kirche. Wir können das nicht. Nur Gott kann es. Aber fällt uns das nicht unendlich schwer?

Die Balance halten

Die Balance zwischen ungeschminkter Ehrlichkeit und Vertrauen zu Gott zu halten kann eine trickreiche Sache sein. Aber »die Wahrheit wird euch frei machen«, wie Jesus so hilfreich sagte. Christliche Lieder sind häufig mit einem unverbrüchlichen Optimismus gesättigt, was eigentlich komisch ist, wenn man an die gegensätzlichen Stimmungen denkt, die in der Bibel zu finden sind. Aber es muss doch möglich sein, Verwundbarkeit mit Hoffnung und vorsichtigem Vertrauen zu verbinden. Mit dem folgenden Text habe ich es versucht. Er ist eine Ergänzung zu einer der schönsten Bitten im alten anglikanischen Gebetbuch. Was halten Sie davon?

Erhelle unsere Dunkelheit

Erhelle unsere Dunkelheit, so bitten wir dich, oh Herr,
im Namen deines Sohnes Jesus Christus,
denn wir wissen, es wird Nöte geben,
ehe wir das Licht des Morgens sehen.
Darum schütze uns, Herr, schütze uns, oh schütze uns
vor den Gefahren der Nacht.

Denn dass sie kommt, die Gefahr,
das war von jeher klar,
er hat es gesagt.
Des Sohnes Leiden und Bangen
hat gerade erst angefangen,
er hat es gesagt.
Fehlt es uns an Tapferkeit,
so kommen wir nicht weit,
das wissen wir, Herr, doch in dieser Nacht
spüren wir die Einsamkeit.

Erhelle unsere Dunkelheit …

Solange uns das Band
wie Kinder schließt Hand in Hand
zusammen,
werden wir dich erleben,
und Liebe wird Kühnheit uns geben
zusammen.
Zusammen stehen wir heut,
und morgen ist noch weit,
doch manchmal wüssten wir gern
den Ausgang der Geschichte.

Erhelle unsere Dunkelheit …

In Kontakt bleiben

Manchmal brauchen wir ein ganzes Leben, bis uns bewusst wird, dass es Gott, wie viel wir auch gesündigt und wie viele Fehler wir auch gemacht haben mögen, viel lieber ist, wenn er von uns hört, als wenn wir ihn meiden wie die Pest. So war das früher auch im Bankwesen.

Meine Frau und ich sind seit über vierzig Jahren bei derselben Bank in der High Street. Meine Güte, wie sich da die Dinge verändert haben! Bis vor zwei Jahrzehnten war der örtliche Bankfilialleiter noch viel autonomer und hatte viel bessere Chancen, annähernd so etwas wie ein Freund der Familie zu werden. Als meine Frau Bridget und ich in unseren von Armut gebeutelten Zwanzigern und frühen Dreißigern waren (im Gegensatz zu unseren von Armut gebeutelten frühen Sechzigern), hatten wir eine Reihe Nerven zermürbende Begegnungen mit freundlichen, großväterlichen Bankangestellten, die uns mit Strenge oder Ermutigung begegnen konnten, je nachdem, wie es der Anlass (oder unsere grauenhaft schlampig geführten Finanzen) erforderten. Bridget weinte dabei oft, was sich immer als nützlich erwies, während ich mich mit angemessener Reue und Bußfertigkeit in einem bühnenreifen langsamen, ernsthaften Nicken übte.

Diese hilfsbereiten Herren trugen uns unweigerlich immer wieder denselben Gesichtspunkt vor. Irgendetwas lässt sich immer arrangieren, *solange Sie mit uns in Kontakt bleiben.* Die Probleme mit unserem abgemagerten Bankkonto vergrößerten sich und wurden tatsächlich noch problematischer, wenn wir uns vor dem Thema versteckten und womöglich gar (oh, welche Schuldgefühle) einen anderen Weg durch die Stadt nahmen, nur, um nicht an der Bank vorbeizukommen. Jene etwas unbehaglichen Gespräche im Büro des Bankleiters führten immer zu einem Ergebnis, einem Plan, einem Weg vorwärts oder zumindest zu einer Erleichterung des Drucks der nahenden Katastrophe.

Wie gesagt, die Erfahrung lehrt, dass dasselbe für unsere Begegnungen mit Gott gilt. *Solange wir in Kontakt bleiben*, lässt sich irgendetwas arrangieren. Wenn ich weiß, dass ich kurz davor bin, einer Versuchung zu erliegen, dann tobt höchstwahrscheinlich gerade ein kleiner Kampf in mir. Wenn ich dann mit meinem Dilemma zu Gott oder zu einem seiner Repräsentanten gehe, entgeht mir vielleicht die Möglichkeit, mich voller Wonne in das zu stürzen, was mich da so verführerisch lockt. Andererseits ist da ein Teil von mir, der wirklich ein gehorsames Kind Gottes sein möchte. Was soll ich tun? Nun, wie ein Freund mir einmal sagte, ist das Leben größtenteils ein Abwägen zwischen dem, was wir nicht wollen, und dem, was wir *wirklich* nicht wollen. Ob es mir passt oder nicht, wenn ich ehrlich in meine Seele hineinschaue, werde ich wissen, was was ist.

Stellen Sie sich also folgende Frage: Was würde Sie dazu bringen, den göttlichen Bankleiter besuchen zu wollen? Wäre es deshalb, weil er Sie liebt oder weil Sie ihn lieben? Und wo ist er? Vielleicht lassen wir uns hier ein bisschen zu sehr hinreißen. Schließlich ist Gottes Liebe doch ewig und unveränderlich. Macht es da wirklich etwas aus, wenn Sie sich seine Sichtweisen und Pläne nicht zu eigen machen? Er würde doch trotzdem noch dasselbe für Sie empfinden, oder nicht?

Wenn Sie gleichzeitig deprimiert und herausgefordert werden wollen, werfen Sie einen Blick auf 2. Samuel 11-18, die Geschichte des Königs David (eines Mannes nach dem Herzen Gottes!) der Ehebruch mit Batseba beging und dann erbarmungslose Pläne zur Ermordung ihres Mannes Uria schmiedete. Wann hätte er diesem Verfall Einhalt gebieten können? Was passierte, weil er es nicht tat? Warum blieb er nicht in Kontakt, und was waren die Folgen?

Gebet in Aktion

Hier ist ein Bursche, der, wie die meisten von uns, über das Beten noch eine Menge lernen muss. Irgendwie hat er Gott per Telefon erreicht.

Gott: Hallo, hier Gott, was kann ich für dich tun?

Bill: Wow! Ist er wirklich Gott? Ich meine – du weißt schon, *der* Gott?

Gott: Ja, hier ist Gott. Ganz ehrlich – *der* Gott.

Bill: Tut mir leid, weißt du, die Sache ist die, wir haben in der Kirche immer so ein Lied mit den Kindern gesungen, das Gebet sei wie ein Telefon, aber ich habe noch nie gehört, dass jemand tatsächlich –

Gott: Nein, nun ja, normalerweise ist das nicht so, aber diesmal schon. Also, was kann ich für dich tun?

Bill: Das ist irre! Ich dachte immer, du würdest dich anhören wie – du weißt schon – Morgan Freeman.

Gott: Tut mir leid, dich zu enttäuschen. Wir konnten uns seine Gagen nicht leisten. Wie wer *höre* ich mich denn an?

Bill: Na ja, eigentlich klingst du ein bisschen so wie meine Frau.

Gott: Ja, nun, das ist normal. Wahrscheinlich deine beste Chance, wenigstens halbwegs direkt von mir zu hören. Also – was kann ich für dich tun?

Bill: Ach so, ja. Okay. He, warte mal einen Moment, ich schätze, genau genommen bete ich doch jetzt, stimmt's?

Gott: Nun ja, du redest mit mir, wenn du das meinst.

Bill: Ach so. Okay. Gut! Gut. Herr, ich möchte dich einfach fragen, ob du mir in deiner großen Gnade einfach helfen könntest, einfach einen Weg zu finden, um einfach –

Gott: Moment, Moment. Entschuldigung. Warum hast du die Augen zugemacht? Warum redest du in so einem albernen, salbungsvollen Tonfall? Und warum ist bei dir alles einfach einfach einfach, obwohl du doch offensichtlich ein Problem hast?

Bill: Was? Äh, ja, ich habe meine Augen zugemacht, weil wir das normalerweise so machen, wenn wir beten. Und ich habe in diesem gewissen Tonfall gesprochen, weil es bei uns üblich ist, in diesem gewissen Tonfall zu sprechen, wenn wir beten. Und das mit dem einfach einfach einfach, äh, na ja, keine Ahnung. Es ist nun einmal einfach so, dass ich das einfach so mache, wenn ich einfach – bete.

Gott: Rede *einfach* mit mir.

Bill: Gut. Okay. Gut. Gut. Also, es geht um meinen Sohn Paul.

Gott: Oh ja, ich kenne Paul. Netter Kerl.

Bill: Oh! Findest du? Na ja, du musst ja auch nicht mit ihm zusammen – jedenfalls, warum ich dich bitten wollte, ist Folgendes: Ich wünsche mir, dass er und ich eine bessere, tiefere Beziehung zueinander haben, und ich dachte einfach – ich meine – ich dachte, wenn ich einfach – wenn ich jeden Tag eine volle Stunde für ihn beten würde, dann würdest *du* vielleicht, weißt du …

Gott: Hör mal, geh mit ihm runter auf den Spielplatz und –

Bill: Ich meine, ich weiß, ich bin nicht gerade der beste Beter aller Zeiten, aber wenn du einfach den Heiligen Geist ins – ins …

Gott: Besorge ihm einen neuen Kricketschläger und ein paar Knieschützer, und nimm dir ein bisschen Zeit –

Bill: Weißt du, ins Herz meines Gebets eindringen lassen und unsere Beziehung durch deine Erlöserkraft verwandeln würdest, dann verspreche ich dir, würde der Lobpreis deines Namens nie mehr von meinen Lippen weichen.

Gott: Doch, würde er. Jedenfalls, was du tun solltest, ist, hinunter auf den Spielplatz zu gehen und ihm zu zeigen, dass –

Bill: Erhöre mich, Herr, wenn ich zu dir rufe, und spende jenen Frieden, der uns Ruhe in deinem Schoße verschaffet!

Gott: Oh bitte! Bitte kein Pseudo-Luther-Deutsch! Und meinen Schoß kannst du aus dem Spiel lassen. Hör zu, ich *habe* deine Worte gehört, und ich habe dir deutlich geraten, dir eine Stunde Zeit zu nehmen, um mit Paul Kricket zu spielen, anstatt dieselbe Zeit damit zu verbringen, in einem komischen Tonfall mit mir zu reden und Dinge zu versprechen, die du nicht halten kannst. Ich kann nicht Kricket mit ihm spielen. Das kannst nur du. Was dir offenbar nicht klar ist, ist, dass mir ebenso viel daran liegt –

Bill: (*singt ausgelassen*) Dies ist der Tag, dies ist der Tag, den der Herr gemacht, den der Herr gemacht. Lasset uns freun, lasset uns freun und Gott dankbar sein, und Gott dankbar sein! Dies –

Gott: (*als Bill zu singen beginnt*) Oh nein, nicht das! Bitte nicht dieses Lied! Jedes andere, aber nicht dieses! (*Legt auf und geht*)

Bill: (*als er merkt, dass niemand mehr da ist*) Oh! Wie schade.

Frau: (*kommt herein*) Was machst du denn da?

Bill: Ich habe mit Gott tele – ich meine, ich habe gebetet, dass Paul und ich besser miteinander auskommen und –

Frau: Ich sage es dir doch. Geh mit ihm auf den Sportplatz und spiel etwas mit ihm. Das ist das, was er braucht. Mach nicht so eine große geistliche Sache daraus. Das sage ich dir die ganze Zeit.

Bill: (*nachdenklich*) Weißt du was? Du hörst dich überhaupt nicht wie Morgan Freeman an.

Etwas Albernes zum Schluss

Wie wär's, wir beenden diesen Abschnitt mit etwas noch Albernerem? Vielleicht ist es ja sogar albern genug, um tatsächlich etwas zu bedeuten. Meine Frau und ich saßen neulich im Auto, als im Radio ein anglikanischer Gottesdienst begann. Darin kam eine Reihe von Gebeten vor, vorgelesen von einem Bischof, der offensichtlich an der weitverbreiteten anglikanischen Krankheit der Alliteration litt. Das brachte uns zum Lachen, und wir beschlossen, uns auch so ein Gebet auszudenken. Hier ist es.

Alliteratives Gebet

Wir gedenken all derer, die deprimiert und desillusioniert oder von Dunkelheit und Düsternis umfangen sind. Ja, wir beten für alle, die an dutzenderlei Dingen leiden, die mit D anfangen. Dante-Fetischismus, Darmträgheit, Domino-Niederlagen, Dehydrierung, Dyspepsie, Dyslexie, Disco-Musik, Dieter Bohlen, Dusseligkeit, Debilität, Dauerwerbesendungen, dreist ergaunerte Dissertationen und Dirk Niebel …

Tischgebete bei Konferenzen

Durch die Abfassung dieses kleinen literarischen Wunderwerks inspiriert, habe ich beschlossen, mich im Schreiben meiner eigenen Version jener langwierigen Gebete zu versuchen, die in christlichen Tagungsstätten vor den Mahlzeiten gesprochen werden, wobei man bemüht ist, Gott für absolut *jedem* zu danken, der an der Zubereitung der Mahlzeiten beteiligt war. Es ist ein bisschen langatmig, aber – das ist ja nun wirklich nichts Neues.

Herr, wir danken dir für all diejenigen, die uns dieses Essen serviert haben, wie auch für diejenigen, die es vorbereitet und gekocht haben. Wir denken auch an die, die die Lebensmittel hierhergeliefert haben, und an all diejenigen, die sie für den Transport eingepackt und in die Fahrzeuge geladen haben. Wir danken dir für diejenigen, die die Rohzutaten an den Ort transportiert haben, von dem aus sie geliefert wurden, und für diejenigen, die diese Zutaten auf die Schiffe oder Lastwagen verladen haben, damit sie von denen ausgeliefert werden konnten, denen gegenüber wir soeben unsere Dankbarkeit ausgedrückt haben. Wir beten für diejenigen, die jene Lastwagen lenkten und jene Schiffe steuerten, wir beten für ihre Familien, ihre Freunde und ihre Nachbarn. Wir denken an die, die in fernen Ländern diese Lebensmittel überhaupt erst angebaut haben, diejenigen, die sie gepflückt und geerntet haben, ihre Familien, ihre Kinder, die Lehrer, die ihre Kinder unterrichten, und die Leiter der Schulen, auf die diese Kinder gehen. Wir danken dir für all die Dinge, die die Kinder in jenen Schulen zu essen bekommen, für die Menschen, die dort die Mahlzeiten vorbereiten und kochen, und für die guten Leute, die die Lebensmittel in die Schule bringen, damit sie dort zubereitet werden können. Wir möchten dir danken für die Regierungen der Länder, in denen sich diese Schulen befinden, für all jene, die Regierungsverantwortung tragen, für alle Menschen, die sie lieben, und alle, die ihnen Liebe entgegenbringen, für das Essen auf ihrem Tisch und natürlich für diejenigen, die es vorbereiten und kochen. Wir denken auch – Kellner, dieses Essen ist ja fast kalt. Wer ist dafür verantwortlich?

3 HINEIN INS CHAOTISCHE, KATASTROPHALE, KOMISCHE NIEMANDSLAND WAHRER CHRISTLICHER HINGABE

Nur nicht die Nerven verlieren

Kriegen Sie es manchmal mit der Angst zu tun? Ich schon. In der Welt echten geistlichen Engagements bleibt das nicht aus. Hier sind zwei Beispiele für Situationen, in denen ich tiefe Furcht empfunden habe. Die eine ist leicht zu verstehen, die andere ist ein bisschen seltsam, aber wahrscheinlich noch bedeutungsvoller. Die erste steht im Zusammenhang mit einer Reise nach Kanada im Herbst 2009. Bridget und ich waren im August desselben Jahres nach Yorkshire gezogen, und vom Tag unserer Ankunft an hatte es eine Serie von Problemen gegeben, die wir hatten aushalten oder überwinden müssen, besonders im Zusammenhang mit unserer engsten Familie. Wir waren uns sicherer, am richtigen Ort zu sein, als zu irgendeinem anderen Zeitpunkt unseres Lebens, und es wurde uns zur Gewohnheit, dass einer von uns murmelte: »Nur nicht die Nerven verlieren«, wann immer sich diese zermürbenden Schwierigkeiten ergaben. Wir Christen geben uns ein wenig zu leicht der angenehmen Vorstellung hin, alle Katastrophen seien Beweise dafür, dass wir auf der richtigen Spur und deshalb ständigen Angriffen des Teufels ausgesetzt seien. Gegen Ende des Jahres jedoch gewann dieses überstrapazierte Argument eine beängstigende Relevanz.

Bridget fuhr mich die M 25 entlang in Richtung Flughafen Heathrow, wo ich meine Maschine nach Toronto besteigen würde. Wir hatten bereits beschlossen, dass Bridget wegen der belastenden Familienprobleme ihre Beteiligung an dieser Tour würde absagen müssen. Doch als wir uns der Ausfahrt Heathrow näherten, passierte noch etwas anderes.

Ich habe gehört, dass die meisten schweren Unfälle auf Autobahnen durch osteuropäische Lkws verursacht werden, die nicht mit Spiegeln ausgestattet sind, in denen ihre Fahrer es sehen könnten, wenn andere Autos sie überholen. Genau das passierte uns. Ein markerschütternder Aufprall am Heck unseres Wagens schleuderte uns herum, gefolgt von drei weiteren krachenden Schlägen gegen die Beifahrertür, als der riesige Lastwagen uns gegen die Leitplanke am Rand der Autobahn rammte.

Es wurde still. Ich sah zu Bridget hinüber. Sie schien unverletzt zu sein. Sie sah mich an. Soweit ich es sagen konnte, war auch ich physisch unbeschadet davongekommen. Ich erinnere mich nicht, in diesem Moment irgendetwas gesagt zu haben, aber Bridget behauptet, ich hätte fünf Worte gesagt.

»Nur nicht die Nerven verlieren.«

Das Auto hatte Totalschaden, und wir zitterten am ganzen Leib, aber dank Gottes Gnade verloren wir nicht die Nerven. Ich bekam am nächsten Tag ein Flugzeug nach Kanada, und wir blieben an dem Ort, an den wir berufen waren.

Das zweite Angsterlebnis ist jüngeren Datums, aber es steht in einem engen Zusammenhang mit dem ersten.

Als ich einmal nachts nicht schlafen konnte, stand ich leise auf und ging ans Fenster. Es war dunkel, und wenn ich sage dunkel, meine ich stockfinster. Unsere Gegend in den Yorkshire Dales gilt offiziell als einer der »dunkelsten« Flecken auf den britischen Inseln. In dieser Nacht waren die Sterne von schweren Wolken verdeckt, und es war pechschwarz draußen. Vereinzelte Laute und Rufe und wilde Schreie hallten mir aus der erbarmungslosen Welt der Wälder und Wiesen, die unser Haus umgibt, entgegen. All das machte mir nichts aus. Etwas in meiner merkwürdigen Seele hatte schon immer einen Hang zu der Süße der Nacht.

Nein, was in diesem Moment einen Schatten des Grauens wie einen Stein durch mein ganzes Wesen sacken ließ, war ein erneutes Bewusstsein, dass Christ sein, Jesus nachfolgen, sich in eine Welt begeben, die in weltlicher Hinsicht immer nur so sicher ist, wie

Gott es zulässt, eine sehr, sehr beängstigende Sache ist. Da gibt es einen letzten Schritt, den man gehen muss, einen Akt der Zustimmung, der ja sagt zu einer Dunkelheit, die sich nur vertreiben lässt, indem man durch diese dichte Wolke wandert, um nach einem einzigartigen und einzigartig offenbarenden Licht zu suchen. Es gibt keinen Ostersonntag ohne Karfreitag. Manchmal ängstigt mich das zu Tode. In jener Nacht versetzte es mich in Schrecken. Das tut es immer noch, aber ich glaube nicht, dass ich zurückgehen kann, und stillzustehen wäre mir viel zu langweilig. Es könnte eine ziemlich aufregende Reise werden. Ich darf nur nicht die Nerven verlieren. Ich bete, dass Sie es auch nicht tun.

Helfer statt Konsumenten

Im Lauf der letzten zehn Jahre hat uns diese Reise an manche neuen und unerwarteten Orte geführt. Bridget und ich haben ein wunderbares Geschenk bekommen. Gott hat es uns ermöglicht, eine kleine, aber praktische Rolle bei der Arbeit von Hilfsorganisationen in aller Welt zu spielen. Wir sind durch die Straßen des Landes in Bangladesch gegangen, konnten sehen, was für AIDS-Kranke in Afrika getan wird, und haben in jüngerer Zeit auch Reisen nach Süd- und Mittelamerika gemacht, wo wir Projekte besuchten, die von Toybox unterstützt werden, dem britischen Hilfswerk für Straßenkinder.

Warum ist das ein so willkommenes Geschenk für uns? Nun, es hört sich vielleicht ziemlich erbärmlich an, aber obwohl unsere Aufgaben im Vergleich zu dem, was ständig von den Männern und Frauen an den Frontlinien dieser großartigen Unternehmungen geleistet wird, eher bescheiden sind, hat man uns immerhin einen halbwegs klar umrissenen Job gegeben. Wir gehen hin, wir machen uns Notizen über alles, was wir sehen, und dann kommen wir wieder zurück und schreiben Bücher über unsere Reisen oder zeigen Filme und Fotos von den Menschen und Orten, die wir besucht haben. Ganz allgemein können wir so unsere immer wieder aufgefrischte Leidenschaft dafür, denen in aller Welt zu helfen, die unter Armut, Vernachlässigung und Grausamkeit leiden, an andere Menschen weitergeben. Ich hoffe, wir sind eine kleine Hilfe. Wir versuchen es zumindest.

Aber lassen Sie uns darüber keinen Unsinn reden. Meine Frau und ich neigen ebenso sehr dazu, der Selbstsucht zu frönen, wie jedes andere mühselig kämpfende Christenpaar auch. Tatsache ist jedoch, dass wir schon immer lieber Helfer als Konsumenten im Leib Christi sein wollten. Dadurch, dass wir eine so klar umrissene Verantwortung haben, wird das erheblich leichter für uns. Doch wie wir alle wissen, auch wenn wir es nicht wahrhaben wollen, werden uns unsere Verantwortungen nur selten in so hübsch verpackten Portionen zugeteilt, und sie sind meistens nicht in unserem unmittelbaren kirchlichen Umfeld angesiedelt, sondern außerhalb davon. Nicht nur das, sondern viele dieser »Jobs für Gott« sind auch eher unspektakulärer Natur. Die Leute sind manchmal von Erweckungen enttäuscht, weil sie darauf hinauslaufen, die alte Dame, die ein paar Häuser weiter wohnt und ihr Haus nicht mehr verlassen kann, zweimal in der Woche zu besuchen statt nur einmal. Pech. Das ist der Weg Jesu. Es kommt auf die kleinen, aber feinen Dinge an. Mag sein, dass es nicht in die Welt passt (oder auch nicht in weite Teile der Kirche, fürchte ich), aber da ist der Heilige Geist, und wenn wir unserem Herrn treu sein wollen, sollten wir genau da auch sein.

Die Anforderungen, die Jesus an unser Leben stellt, scheinen enorm zu sein. Wie können wir damit fertig werden? Wodurch lohnt es sich, sich hineinzuhängen und die Dinge anzupacken, die ständig unseren Weg kreuzen? Was sind die Ursachen für geistliche Verstopfung? Wenn Jesus leibhaftig wiederkäme und mein Dorf oder meine Stadt besuchte, wo wird er die meiste Zeit verbringen? Erwarten Sie nicht von mir, dass ich all diese Fragen beantworte. Ich bin ein Suchender, genau wie Sie. Falls Sie mir je auf der Straße begegnen, sprechen Sie mich an, damit wir uns darüber unterhalten können. Aber hier ist ein Gedanke.

Seit unserer ersten Reise nach Bangladesch mit World Vision bin ich zu einer Erkenntnis oder Schlussfolgerung gekommen, die ich noch nie wirklich klar ausdrücken konnte. Sie erinnert mich an ein kleines Gedicht, das ich schrieb, nachdem ich Constantine Fitzgibbons Biografie über Dylan Thomas gelesen hatte. Irgendwie hatte ich eine kleine Vision aus den Augen verloren, die mir wichtig gewesen war.

Früher wusste ich, wozu Gedichte gut sind
Ich habe es vergessen
Es hatte damit zu tun, wie man sein
Oder wie man fühlen kann
Es bedeutete so viel
Die Worte bleiben
Aber das Wissen ist verschwunden
Wie ein Gedicht, das nie wirklich stimmte

Meine Schlussfolgerung aus Bangladesch, die sich noch einmal verstärkte, als wir nach Sambia reisten, um uns die Arbeit unter AIDS-Kranken anzuschauen, betrifft die Art und Weise, wie Gott in der Welt eingreift oder auch nicht eingreift. In den Slums von Dhaka, der Hauptstadt von Bangladesch, haben wir gesehen, wie kleine Mädchen vor der unmittelbaren Aussicht bewahrt wurden, in die Prostitution zu geraten. Familien wurde geholfen, aus der Armut emporzusteigen. Ganze Kommunen wurden mit sauberem Wasser, medizinischer Versorgung und Schulbildung ausgestattet. Wir waren tief beeindruckt davon, wie Menschen aller Altersstufen in Sambia im Zusammenhang mit den entsetzlichen, Familien zerreißenden Auswirkungen von HIV/AIDS unterstützt und konstruktiv aufgeklärt wurden. In den letzten Jahren sind wir nach Mittel- und Südamerika gereist und haben gesehen, wie das Hilfswerk Toybox Organisationen unterstützt, die präventiv unter Straßenkindern arbeiten und Unterkünfte für sie bereitstellen. Es gibt unzählige wunderbare Projekte, geplant und getragen von engagierten Mitarbeitern, die sich ganz der Aufgabe widmen, die Liebe Gottes durch praktisches Dienen auszudrücken.

All das ist gut und schön, aber ich werde nie den Moment vergessen, als Bridget und ich auf zwei klapprigen alten Stühlen vor einer windschiefen Hütte in einem sambischen Dorf saßen und auf eine Frau namens Rois warteten. Sie litt an Aids im letzten Stadium, und man half ihr gerade aus ihrer Hütte, damit wir sie kennenlernen konnten. Sie war wirklich sehr krank, und ihre Prognose war düster. Teure retrovirale Medikamente standen nicht zur Verfügung. Rois würde vermutlich innerhalb von zwei Wochen tot sein und zwei elternlose Kinder zurücklassen. Sie hatte nur noch drei Dinge, auf die sie hoffte. Sie hoffte, im Himmel etwas Besseres zu finden als das, was sie auf der Erde erlebt hatte. Dass die guten Frauen von World Vision und anderen Hilfsorganisationen sie bis zu ihrem Tod weiterhin besuchen würden, um sie zu trösten und ihr einfache Medikamente zu bringen. Und dass jemand sich um ihre Kinder kümmern würde, wenn sie nicht mehr da war.

An jenem sonnigen Morgen setzte man sie auf einen alten Maissack auf dem gelben Staub des Bodens, und wir alle schauten einander an. Ein Schwall von Panik stieg mir plötzlich in der Kehle auf und drohte mir physisch den Hals zuzuschnüren. Hier war etwas völlig verkehrt, hier passte etwas nicht, etwas, das eine ganze Dimension meiner bisherigen Erfahrung in Abrede stellte. Es war ein radikales Unbehagen, das ich erstmals während unserer Reise nach Bangladesch empfunden hatte und das seither immer intensiver geworden war. Lassen Sie mich versuchen, es wenigstens einmal in klare Worte zu fassen.

In den Ländern, die wir für World Vision und Toybox bereist haben, gibt es Menschen aller Altersstufen, die unter extremer Armut, unter Krankheiten und Vernachlässigung leiden. In den schlimmsten dieser Situationen tut Gott, soweit wir sehen können, nichts für diese Leute, es sei denn, es geschieht durch seine Anhänger oder durch Leute, die für andere Hilfsorganisationen als die christlichen arbeiten. Verstehen Sie mich nicht falsch. Ich glaube an Wunder. Das habe ich schon immer getan. Aber Gott verhindert nicht, dass in den Straßen der Slums kleine Mädchen unter herzzerreißenden Umständen umkommen. Es gibt keine Anzeichen dafür, dass Manna vom Himmel fällt, um hungrige Kinder zu speisen, keine Wellen göttlicher Heilung, die durch die aidsverseuchten Dörfer rollen, die wir besucht haben. Mutter Teresa hat es kurz und bündig so ausgedrückt: In der überwiegenden Mehrzahl der Fälle sind die einzigen Hände, die Gott hat, unsere Hände.

Indessen finden in reichen Wohlstandsländern wie dem unseren Bibelabende und Gebetstreffen und Lobpreisveranstaltungen statt, bei denen Nachfolger Jesu die Tatsache bejubeln, dass Gott seinen privilegierten Knechten hilft, indem er für ihre Hypothekenraten sorgt, ihre Krankheiten heilt, ihre Autos bezahlt, ihre Ehen arrangiert, maßgeschneiderte »Zufälle« für sie passieren lässt und ihnen Parkplätze vor dem Supermarkt frei hält. Es sieht so aus, als ob in diesen Gegenden der Welt Gott zu Menschen spricht, den Menschen zuhört, die Menschen mit allem versorgt, was sie brauchen, und ganz allgemein hinter den Leuten herräumt.

Tut er das? Können diese beiden gegensätzlichen Welten tatsächlich auf demselben Planeten existieren? Hat Gott beschlossen, die Verlierer aufzugeben und sich auf diejenigen zu konzentrieren, die etwas aus sich gemacht haben? Ich halte das für äußerst unwahrscheinlich. Aber was verstehe ich schon davon?

Nur eines weiß ich ganz sicher. Als ich Rois gegenübersaß und Gott im Stillen fragte, wo ich hier, wo weit und breit keine Steckdose zu sehen war, meinen Glauben einstöpseln sollte, da kam mir ein Vers aus dem ersten Kapitel des Jakobusbriefs in den Sinn: »Ein reiner und unbefleckter Gottesdienst vor Gott, dem Vater, ist der: die Waisen und Witwen in ihrer Trübsal besuchen und sich selbst von der Welt unbefleckt halten.«

Rois hatte so gut wie nichts. Was hätten Sie oder ich noch, wenn alle unsere materiellen Annehmlichkeiten hinweggefegt würden? Was für eine Welt möchten wir bewohnen? Die, in der Gott ist, oder eine andere, unterhaltsamere Sphäre?

In diesem Zusammenhang ist es immer wieder interessant, zu sehen, auf was für Dinge Christen schockiert reagieren. Der amerikanische Redner und Schriftsteller Tony Campolo gebrauchte einmal bei einem christlichen Festival ein Schimpfwort und forderte dann seine Zuhörer auf, sich zu fragen, ob dieses eine Schimpfwort sie mehr schockierte als die Tatsache, dass in der Zwei-Drittel-Welt Millionen von Menschen an Hunger, Malaria und Aids sterben. Letztes Jahr zur Erntezeit wies unser Pfarrer Peter Yorkstone darauf hin, dass das Wort Ernte für verschiedene Menschen in aller Welt eine sehr unterschiedliche Bedeutung hat. Angesichts meiner eingefleischten Neigung, jeden interessanten oder amüsanten Gedanken so lange auszudehnen, bis er reißt, war es fast unvermeidlich, dass mir dazu so etwas wie das Folgende einfiel. Der letzte Zweizeiler vor dem Refrain spricht von der mageren Ernte, die Kindern in Mittel- und Südamerika und anderen ähnlich verarmten Teilen der Welt vergönnt ist.

Ernte

Wir pflücken, und wir streuen den Samen auf das Land,
doch Wachstum und Gedeihen stehen in des Himmels Hand.

Das Lamm führ'n wir zum Schlachter, bevor es alt und zäh,
und lassen es uns schmecken mit Knoblauch und Porree.

Wir schießen kleine Robben, der Schnee wird rot vom Blut,
die Mäntel aus ihren Fellen, die wärmen uns so gut.

Wir sammeln Plastikreste vom Müllberg vor der Stadt,
verkaufen sie und werden zweimal pro Woche satt.

Alle gute Gabe kommt her von Gott geschwind,
drum dankt ihm, dankt, drum dankt ihm, dankt, dass wir die Reichsten sind.

Der herrliche Leib

Ja, wir müssen sicherlich großzügiger werden mit unserer Anteilnahme und unserem Bargeld. Allerdings gibt es auch positive Bewegungen in christlichen Kreisen in Ländern wie dem unseren. Zum Beispiel tun sich Gemeinden viel stärker zusammen, als sie das früher taten. Zumindest ist das in Großbritannien so, wo übergemeindliche Initiativen in unseren Dörfern, Ortschaften und Städten inzwischen sehr verbreitet sind. Ein Zyniker könnte das wohl als Ergebnis einer panischen Erkenntnis betrachten, dass winzige Grüppchen von Gläubigen sich eben zusammentun müssen, um eine Versammlung von nennenswerter Größe zu ergeben. Aber ich glaube, es steckt noch mehr dahinter. Einer der unerwarteten Vorzüge der sinkenden Besucherzahlen in unseren Kirchen ist, dass oftmals den Leuten, die noch übrig bleiben, ihr Glaube im Allgemeinen und Jesus im Besonderen wirklich am Herzen liegen.

Ja, schon gut, Sie müssen mich nicht daran erinnern, dass es zu diesen beiden optimistischen Einschätzungen auch Gegenbeispiele gibt. Ich höre immer noch von Gemeinden, deren Mitglieder davon überzeugt sind, dass sie den einzig wahren Weg zum Himmel gefunden haben und den Gedanken nicht ertragen können, ihre makellose Reinheit durch Kontakte mit Außenstehenden zu besudeln. Und freilich, es gibt noch Überreste von Versammlungen, die sich an ihre gewohnten Sitzplätze, ihre Routine und ihre konfessionellen Vorlieben klammern würden, auch wenn Jesus selbst erscheinen und sie auffordern würde, irgendetwas ein wenig anders zu machen. Trotzdem gebe ich die Hoffnung nicht auf. Die Anzeichen sind positiv.

Das warnende Wort, das ich (mit der tiefen Demut, die jede meiner Äußerungen prägt) einwerfen möchte, ist, dass Einheit unter Christen nicht erfolgreich von den Leitenden verordnet werden kann, es sei denn, ihre Anhänger sind gründlich informiert und aufrichtig willens, sich aufzumachen und eine Vision zu verfolgen, die sie in eine abenteuerliche Welt jenseits der kleinen

Inseln der Geborgenheit ihrer persönlichen Vorlieben führen könnte.

Ist es in Ordnung, verschiedene Gottesdienstformen und Methoden zu haben? Wie kann es sein, dass Christen sich Prioritäten zu eigen machen, in denen »unsere Gepflogenheiten« ganz weit oben auf der Liste stehen, Jesus dagegen irgendwo unten, etwa auf gleicher Höhe mit der Anordnung der Stühle und dem Kaffeedienst? Was könnte man gegen diese Situation tun? Und noch eine Frage. Wie würde die Einheit der Kirche im besten Falle aussehen?

Ich denke, letzten Endes kommt es bei dieser und anderen Fragen der Vorwärtsbewegung in der Kirche darauf an, Prioritäten zu setzen. Neulich abends war ich bei der Sitzung der sogenannten Dekanatssynode in einer hiesigen anglikanischen Gemeinde. Ich habe nicht vor, zu erklären, was das bedeutet, nicht zuletzt deswegen, weil ich selbst keinen Schimmer habe. Es mag genügen, dass dazu Geistliche und Laien aus den Gemeinden in der Umgebung gehören. Als ich mich zu der Dame neben mir hinüberlehnte, um sie zu fragen, worum es eigentlich ging, gab sie eine, gelinde gesagt, staubtrockene Antwort.

»Eine Dekanatssynode«, sagte sie, wobei sie die Hand seitlich gegen den Mund legte, sodass es niemand sonst hören konnte, »ist eine Ansammlung von Anglikanern, die herumsitzen und darauf warten, dass sie nach Hause gehen können.«

Eine Übertreibung – oder etwa nicht? Ich bin auch Anglikaner, und ich bin unglaublich lebhaft und wach. Sie sollten mich einmal sehen!

Meine ernsthafte Frage ist folgende: Wenn Gott seine Gemeinde anschaut, besonders in unserem Teil der Welt, sieht er dann einen Haufen Christen, die herumsitzen und darauf warten, dass sie nach Hause gehen können? In beiden Weltkriegen des letzten Jahrhunderts gab es Beispiele erstaunlicher Tapferkeit und Hingabe an die Pflicht unter Militärkaplanen. Das waren Leute, die sich nicht damit zufriedengaben, einfach nur hinter den Frontlinien zu bleiben und zu predigen. Sie waren entschlossen, an den

Nöten und Strapazen der Männer teilzuhaben, die dort in Schlamm und Kugelhagel und höchster Todesgefahr lebten. Manche von ihnen, wie Geoffrey Studdert Kennedy, ein berühmter Kaplan im Ersten Weltkrieg, wurden für herausragende Akte der Tapferkeit und des Heldentums ausgezeichnet, die sie in der Hölle, die Niemandsland genannt wurde, vollbrachten.

Und das ist, wenn ich das sagen darf, genau der Ort, wo wir Christen sein sollten. Das wird für jeden von uns etwas anderes bedeuten, und es kann durchaus sein, dass konfessionelle Einheit dabei die geringste Rolle spielt. Aber wenn wir glauben, wir würden unserer Verantwortung gerecht, indem wir hinter den Frontlinien herumsitzen und darauf warten, dass wir nach Hause gehen können, dann irren wir uns. Es lohnt sich, uns einmal folgende Fragen zu stellen:

Was ist für mich das Niemandsland? Welchen Teil meiner Komfortzone müsste ich räumen, damit ich Jesus an Orte folgen kann, an denen ich etwas verändern kann? Welche Erfahrungen machte Elia, als er mitten in geistliche Kämpfe hineingeriet? Sie können seine Geschichte in 1. Könige lesen, wenn Sie möchten. Es könnte sein, dass Ihnen das jede Lust nimmt, als Christ zu dienen. Andererseits …

Ist es Furcht oder Trägheit oder noch etwas anderes, was einem aufopferungsvollen Dienst für Gott im Wege steht?

Paul

Eine gute Nachricht ist, dass auf diejenigen, die den furchtsamen Schritt ins Niemandsland tun, manchmal eine unverhoffte Belohnung wartet. Ich nähere mich meinem dreiundsechzigsten Geburtstag, während ich dies schreibe, und mein Freund Paul Taphouse ist ein Jahr jünger als ich. Er ist einer meiner besten Freunde auf dieser Welt. Bridget und ich lieben ihn sehr. In einem Buch namens *Im Nebel auf dem Wasser gehen*[1], das vor einigen Jahren erschien, habe ich eine ganze Menge über meine Freundschaft mit Paul geschrieben. Er lebt in einem Heim für Männer und Frauen mit Lernbehinderungen und hat ein überaus liebenswertes Wesen. Vor über fünfundzwanzig Jahren gehorchte ich äußerst nervös einem Ruf Gottes, Pauls Freund zu werden. Ich brauchte furchtbar lange, bis ich mich endlich dazu durchrang, zu tun, wozu ich aufgefordert wurde. Was war ich für ein Feigling. Als ich endlich nachgab, bekam ich ein Geschenk, das wertvoller war als alles, was ich mir je hätte vorstellen können. Pauls Freundschaft hat unser Leben wunderbar bereichert. Ich hoffe, Sie haben einmal Gelegenheit, die Geschichte jener ersten Begegnung nachzulesen.

Paul ist ein Dichter und Musiker, und eines der Dinge, die wir im Lauf der Jahre am meisten genossen haben, ist es, gemeinsam Gedichte zu schreiben. Hier ist eines unserer gemeinsamen Produkte, und wenn Sie mich fragen, wovon es handelt, müsste ich antworten, dass ich mir da nicht sicher bin. Genau genommen habe ich nicht die leiseste Ahnung. Es ist auch nicht wichtig. Es kam von irgendwo in uns beiden, und so merkwürdig sich die Worte auch anhören, es liegt eine interessante, traurige klamme Kälte in ihnen, und es bedeutet, was immer es bedeutet.

Panflöten

Gott, ich weiß nicht mehr, was die Panflöten bedeuten
Vor ein paar Meilen bog ich ab auf einen nie gesehenen Pfad
Blätter und Gräser, Bäume und Büsche genauso grün
Doch mein Weg wand sich durch die Finsternis einer tiefen Schlucht
Des Tals der Hoffnungslosigkeit, wo die sterbenden Schößlinge sich neigen
Und ich bin so traurig und so nüchtern wie eh und je
Ich höre die Panflöten, aber ich weiß nicht mehr, was sie bedeuten.

Schauen wir uns das Blau an

Vor zwanzig Jahren stellte eine der Universitäten im Süden Forschungen über die Methodik der Lebensberatung an. Ich erinnere mich, dass ich damals las, man habe schließlich drei Hauptmerkmale als wesentliche Aspekte dieser Arbeit identifiziert. Erstens, so hieß es, müsse ein guter Berater bereit sein, sich in die Welt seines Klienten hineinzubegeben. Zweitens dürfe er das Verhalten seines Klienten nicht verurteilen oder verdammen. Und drittens müsse er zeigen, dass er seinen Klienten schätzt. Ich weiß noch, wie ich bei der Lektüre dieser Ergebnisse dachte, dass die Forscher sich eine Menge Mühe hätten ersparen können, wenn sie nur einen Blick ins Neue Testament geworfen und etwas über Jesus gelesen hätten, den großen Ratgeber, der sich in unsere Welt hineinbegab, nicht, um uns zu verurteilen, sondern, um zu zeigen, indem er sein Leben am Kreuz gab, wie hoch wir geschätzt werden. Dass wir anderen auf dieselbe herzliche Art und Weise begegnen, scheint mir ein unausweichliches Erfordernis zu sein, wenn wir wirklich in der Welt, die vom Heiligen Geist bewohnt ist, leben und uns in ihr engagieren wollen.

In diesem Zusammenhang möchte ich Ihnen eine kleine Geschichte oder ein Gleichnis erzählen, eine Erinnerung an eines der faszinierendsten, bezauberndsten Dinge, die ich je erlebt habe.

Mein Freund Michael wohnte mit seiner Frau und seinem Sohn in einer Hälfte eines Doppelhauses an einem Waldrand in einer entlegenen Gegend im West Country. Michael war ein Kunsthändler, ein redegewandter, sehr kultivierter Mann, der Bücher und Bildhauerei und Dichtung liebte. Sein Haus war eine Schatztruhe voller Antiquitäten, Drucker und Originalgemälde. Es war eines jener seltenen Häuser, wo man schwerlich irgendeinen Gegenstand, wie nebensächlich auch immer, hätte finden können, der billig oder schrill gewesen wäre oder keinen sicheren Geschmack verraten hätte. Dabei hatte die Art und Weise, wie Michael seine Schätze präsentierte, überhaupt nichts Prahlerisches oder Affektiertes an sich. Das kleine viktorianische Landhaus war angenehm unordentlich und unmanikürt, was auf Leute wie mich, die einen perfekt geführten Haushalt bewundernswert, aber zutiefst beunruhigend finden, eine äußerst entspannende Wirkung hatte. Ich war gern in Michaels Haus, und ich mochte Michael sehr. Er war einer jener Menschen, die einen dazu inspirieren, das trübsinnige Bild, das man von sich selbst hat, hinter sich zu lassen und sich aufzuschwingen zu der Person, die man sein könnte, wenn man sich selbst nur einmal die Chance dazu gäbe.

Gleich neben Michael wohnte Bill, ein Mann, dessen Leben sich hauptsächlich um Holz drehte. Er hatte als Angestellter der Gutsbesitzer die Aufgabe, das Wachstum des Waldes zu kontrollieren, Holz zu fällen und zu verkaufen und sich allgemein um die Entwicklung des Waldes zu kümmern. Bill war knorrig und sehr stark, ein meist gut gelaunter, durchweg ehrlicher und aufrichtiger Mann, der, soweit ich feststellen konnte, was künstlerische Dinge anging, weder Kenntnisse noch irgendein Interesse besaß. Ein oder zwei Mal war ich in seinem Wohnzimmer gewesen. Es war schnörkellos funktional und bar jeder Zierde, ein Raum, in dem man am Ende eines anstrengenden Tages zu Abend essen oder Zeitung lesen oder ein wenig fernsehen konnte, bevor man schlafen ging. Bill führte ein rhythmisches, einfaches Leben.

Michael und Bill lebten auf diesen beiden grundverschiedenen und doch unmittelbar benachbarten kleinen Planeten, aber sie hatten eine sehr freundschaftliche Beziehung zueinander. Michaels Begabung, anderen zu helfen, sich selbst in einem besseren Licht zu sehen, war bei seinem Nachbarn ebenso wirksam wie bei jedem anderen Menschen. Es war nicht zu übersehen, dass Bill Michael enorm bewunderte und das Innere des Nachbarhauses als eine Art kultureller Zeitmaschine zu betrachten schien. Wie war es möglich, dass eine solche Fülle exotischen Wissens und Verständnisses in einem Raum Platz fand, der nicht größer war als sein eigenes Wohnzimmer?

Während einem meiner viel zu seltenen Besuche bei Michael klopfte es an die Tür, als wir gerade zusammen Kaffee tranken.

»Das muss Bill sein«, sagte Michael und setzte seinen Becher ab. »Zeit, sich das Blau anzusehen. Komm mit und schau es dir an.«

Rätselhaft.

Augenblicke später standen wir in Bills Wohnzimmer und betrachteten ein großes, rechteckiges Stück Pappe, das auf einer behelfsmäßigen Staffelei am Fenster balancierte. Daneben auf dem grob gezimmerten Tisch, an dem Bill seine Mahlzeiten einnahm, standen fünf oder sechs kleine Plastikbecher mit Farbe und ein halb mit Wasser gefülltes Marmeladenglas. Ein billiger Pinsel, dessen Borsten in leuchtendem Grün getränkt waren, lag auf einem flachen Teller. Bill machte eine Geste voller Besitzerstolz in Richtung der Staffelei.

»Mit dem ganzen Grün bin ich fertig«, sagte er mit knorrigem Stolz zu Michael. »Wie findest du es?«

Es war herrlich zu sehen. Michael, der von Kunst in allen ihren Aspekten mehr verstand als irgendein anderer, dem ich je begegnet bin, stützte seinen Ellbogen auf den Handrücken, strich sich nachdenklich übers Kinn, legte seinen Kopf zurück, kniff die Augen zusammen und studierte das neueste Werk, das Bill auf einem der Vordrucke aus seinem Malen-nach-Zahlen-Set angefertigt hatte. Es war, als hätte Da Vinci fachmännischen Rat bezüglich seiner Darstellung des Lächelns der Mona Lisa einholen wollen.

»Erstaunlich präzise«, sagte Michael und schüttelte bewundernd den Kopf. »Ich weiß nicht, wie du es schaffst, so sauber innerhalb der Linien zu bleiben. War das schwierig?«

»Nicht weiter schlimm«, erwiderte Bill. »Weißt du, man muss sich nur ordentlich konzentrieren.«

»Ja, ja, das kann ich mir vorstellen. Und jetzt? Was kommt als Nächstes? Nimmst du jetzt das Blau, oder willst du dir das lieber für später aufheben, da es ja hauptsächlich der Himmel ist?«

»Sie schreiben einem vor, in welcher Reihenfolge man es machen soll«, erklärte Bill ernsthaft. Er nahm ein gedrucktes Blatt vom Tisch und studierte es einen Augenblick lang. »Als Nächstes ist Braun dran, dann Gelb. Willst du mal gucken?«

»Sehr gern«, antwortete Michael lebhaft. Er streckte die Hand aus und nahm das Blatt. »Ah ja, ich verstehe. Lass uns das einmal durchgehen …«

Es war typisch für Michael, dass wir über diese köstliche Begegnung kein Wort mehr verloren, nachdem wir Bills Haus verlassen hatten. Das wäre Verrat gewesen, und verräterisch war mein Freund niemals. Für mich war es ein einzigartiges Erlebnis voller bereitwilligen Vertrauens und Zerbrechlichkeit, voller drohender Gefahr und Liebe. Ich habe es nie vergessen.

Selig sind die Seefahrer

Die Art von Einfühlsamkeit, die Michael hier bewies, ist überraschenderweise gelegentlich auch bei Organisationen zu finden.

Vor ein paar Jahren nahm ein guter Freund von mir aus der Studienzeit namens Marc Warner eine Stelle bei der Sailors' Society an, einer Organisation, die im neunzehnten Jahrhundert entstand, nachdem ein dankenswert klarsichtiger Christ an einer Kirche vorbeigekommen war, an der ein Schild hing: Zutritt für Seeleute und Prostituierte verboten. So kann man das Evangelium natürlich auch auf den Kopf stellen. Heute bietet die Sailors' Society den Seefahrern so etwas wie eine persönliche Rettungsleine, nicht nur an Bord, sondern auch an Land. In den Werbematerialien der Society heißt es, sie sei dazu da, durch ihre Hafenkapläne und Zentren für das Wohlergehen der Seeleute an Land zu sorgen, indem sie den Seeleuten praktische und soziale Hilfe, geistlichen Zuspruch, finanzielle Unterstützung und Kontaktmöglichkeiten zur Familie biete. Wie wir festgestellt haben, ist diese Behauptung nicht übertrieben. Hafenkapläne besuchen Tausende von Schiffen im Lauf eines Jahres und sind oft die Ersten, die merken, wenn an Bord etwas nicht stimmt. Sie gehen auf Mannschaftsangehörige jeden Ranges zu, ungeachtet ihres Glaubens, ihrer Konfession, ihrer ethnischen Herkunft oder Nationalität, bieten sich als freundliche Gesprächspartner an und heißen Seeleute bedingungslos willkommen, wo immer sie ihnen begegnen.

In den letzten beiden Jahren haben Bridget und ich sehr gern die Möglichkeit wahrgenommen, die Sailors' Society auf verschiedene Weise zu unterstützen. Wie es bei vielen Hilfswerken mit klar umrissener Zielrichtung der Fall ist, passiert es leicht, dass die großartigen, herzerwärmenden Dinge, die sie tut, der Öffentlichkeit verborgen bleiben. Nachdem ich eine Menge Fragen über diese Welt und ihre Lebensweise gestellt hatte, die mir völlig fremd waren, habe ich versucht, so gut ich konnte, die Isolation und Einsamkeit in Worte zu fassen, die Seeleute oft erleben.

Isolation

Ich sehe sie am Morgen, wenn ich erwache
In jenem Sekundenbruchteil, bevor meine Augenlider sich öffnen
Ich sehe sie alle so deutlich
Höre sie nach mir rufen aus traurigen, süßen Träumen
Meine Leute. Mein Haus. Meine Straße. Meinen Himmel. Meine Welt
Wärmer als mein Bett, wärmer als ein Feuer, so strahlen sie
Innerlich strecke ich meine Arme nach ihnen aus in stummer, sehnsüchtiger Hoffnung
»Diesmal, lieber Gott«, bete ich durch winzige Spalten in jedem makellosen Morgengrauen hindurch
»Lass es geschehen. Lass es Wirklichkeit sein.«
Aber dann kommen die Stimmen, die Geräusche, die für mich keinen Sinn ergeben
Der Widerhall eines unbekannten Liedes
Das Poltern und Krachen und Ächzen von Dingen, die getan werden müssen
Die allgegenwärtigen Grenzen dieses einzwängenden Raums

Und ja, da sind die Leute
Ja, da ist der endlose, weit geschwungene Himmel
Und ja, da ist ein Ort, ein Ort, wo ich sein kann
Obwohl er nicht mein ist, nie mein sein wird
Den ganzen Tag über berge ich in mir die Aussicht auf die Nacht
Träume Träume, die mein einsames Herz emporheben
Und mich in jene Welt voll sanfter Farben fliegen, in die ich gehöre

Wollmützen

Bridget und ich lieben unsere sehr bescheidene Beteiligung an christlichen Organisationen wie diesen, von denen nie viel die Rede ist. Im Lauf der Jahre wächst in uns immer mehr die Überzeugung, dass viele der wirkungsvollsten Initiativen unscheinbar und nicht besonders auffällig sind. Jesus begegnet einsamen, ratlosen Seeleuten durch die Freundlichkeit und praktische Hilfe von Männern und Frauen, die sehr wenig bezahlt bekommen und sehr viel für andere tun: Das ist christliches Engagement im besten Sinne. Wir waren an ein paar Veranstaltungen beteiligt, um für die Sailors' Society Spenden zu sammeln. Es hat großen Spaß gemacht, aber eine besondere Freude war es, als ich gebeten wurde, den folgenden Text als Beitrag zu ihrer Hundertjahrfeier zu schreiben. Die Erwähnung von Wollmützen ist hier übrigens nicht so belanglos, wie sie sich anhört. Hunderte von Leuten waren daran beteiligt, solche wärmenden Kopfbedeckungen für Seeleute zu stricken, die nicht an unser kaltes Klima gewöhnt sind, und die Mützen wurden sehr dankbar angenommen. Während der »Wollmützen-Tour« haben Bridget und ich sie sogar selbst hin und wieder getragen. Bridget sah prima damit aus, aber ich bot das Bild eines schwachsinnigen Zwerges. Größere Liebe hat niemand …

Selig sind

Selig sind die, deren Häupter in kalten Ländern und auf kalten Meeren unbedeckt sind, denn sie werden Wollmützen empfangen. Und selig sind die, welche die Wollmützen durch die Mühe ihrer Hände erschaffen, denn sie werden Diener des Höchsten genannt werden.

Selig sind, die sich sorgen und bekümmern um ihre Lieben, die unendlich weit weg sind, denn sie werden getröstet werden und Kontakt zu ihnen bekommen. Und selig sind jene, die sie trösten und ihnen Kontakt verschaffen, denn sie werden die Erleichterung aufleuchten sehen, wo vorher Dunkelheit und Furcht waren.

Selig sind, die sich danach sehnen, ein freundliches Gesicht und einen sanften Blick zu sehen, denn sie werden von der lächelnden Gnade Gottes erwärmt werden. Und selig sind, die die Freundlichkeit des Himmels in die Herzen der Verlorenen hineintragen, denn sie werden Kinder des Lichts genannt werden.

Selig sind, die den Schrecken der Stürme kennen, denn sie werden Jesus voller Frieden inmitten des Durcheinanders sehen. Und selig sind jene, die denen, die verloren und verwirrt sind, das heitere Gesicht Jesu zeigen, denn sie werden die geheimnisvolle Kraft Gottes erleben.

Selig sind, die schikaniert und betrogen und schlecht bezahlt und ausgenutzt und manipuliert werden, denn sie werden Fürsprache erhalten und durch die starken Arme engagierter und aufmerksamer Unterstützer geschützt werden. Und selig sind jene, die den Misshandelten helfen, denn sie werden Gnade statt Gerechtigkeit empfangen.

Selig sind, die nie ihre eigene Sprache im fremden Land hören, denn sie werden die Sprache der Liebe erlernen. Und selig sind jene, die mit den Einsamen in der Sprache der Liebe sprechen, denn sie werden die Boten Gottes sein.

Selig sind, die keinen Ort haben, wo sie hingehen können, und die nichts zu tun haben, wenn die Arbeit zu Ende ist, denn sie werden Orte empfangen, die sie besuchen können, Bücher, die sie lesen können, Spiele, die sie spielen können, und eine Gemeinschaft, zu der sie gehören können. Und selig sind jene, die müden Reisenden all diese Dinge zur Verfügung stellen, denn auch sie werden erfrischt werden.

Selig seid ihr, wenn die Nächte lang und die Tage schwer sind, wenn Ungewissheit herrscht und ihr alleine essen müsst und von zu Hause träumt und niemand euch zu verstehen scheint, denn Gott wird einen Freund schicken, der sich um eure Bedürfnisse kümmert und euch Gutes tut. Und selig seid ihr, die ihr segnet und dient und beschützt, ohne an einen Lohn zu denken, denn ihr seid die Hände und Füße des Heilands.

Gesegnet seien die Seeleute.
Gesegnet seien jene, die ihnen dienen.
Gesegnet sei der Name Jesu.

Das Kind, das seinen Mantel vor Jesus auf den Boden warf

Ich vermute, die Leute sind es allmählich ein wenig leid, von mir zu hören, dass Gott mit Prinzipien ebenso viele Probleme hat wie mit der Sünde. Die Leute wenden alle möglichen Tricks an, um das Risiko zu vermeiden, sich in Bereiche und Verhaltensformen hinauszuwagen, die ihnen neu sind und ihrem Denken widersprechen. Jesus tat immer nur das, was er seinen Vater tun sah, und das sah manchmal ziemlich schräg aus. Tische durch die Gegend schmeißen, Feigenbäume verfluchen, Würdenträger beschimpfen, am Sabbat heilen? Für einen PR-Manager wäre er ein Albtraum gewesen. Wollen Sie ihm wirklich nachfolgen?

Im Folgenden kommt ein Kind zu Wort, das diese äußerst wichtige Lektion am allerersten Palmsonntag lernte und sie wahrscheinlich nie wieder vergaß.

Liebe Großmutter,
wie geht es dir? Wie geht es Großvater? Bitte grüß ihn von mir. Mutter und Vater senden euch auch Grüße. Mutter sagt, ich soll dir von meinen Neuigkeiten schreiben. Meine größte Neuigkeit ist, dass ich beschlossen habe, dass ich kein Mädchen mehr sein will. Das Leben ist nicht fair für Mädchen. Wenn wir groß sind, werden wir Frauen, und Frauen haben überhaupt keinen Spaß. Männer sind nicht besonders nett, aber wenn ich ein Junge gewesen wäre, der zu einem Mann geworden ist, hätte ich mich in einen Mann verwandelt, der eher wie eine Frau wäre, die zwar ein Mann sein darf, aber trotzdem wie eine Frau ist. Mich hat überhaupt keiner gefragt, was ich sein will. Jetzt ist es zu spät.

Meine zweitgrößte Neuigkeit ist etwas, was mir passiert ist. Ich habe ein Rätsel daraus gemacht. Großvater hat mir von Rätseln erzählt. Hier ist meines. Was ist zugleich ungezogen und gut? Die Antwort ist etwas, was ich gestern getan habe, als ich mit Mutter zu dem Lehrer namens Jesus gegangen bin. Mutter mag Jesus. Sie sagt, er ist der wichtigste Mensch auf der Welt, aber Vater sagt ja immer, dass sie gern ein bisschen übertreibt.

Jedenfalls hat sie mich mitgenommen, um zu sehen, wie er in Jerusalem ankommt. Er ritt auf einem süßen kleinen Eselsfohlen mit einem weißen Fleck an der Seite seiner Nase auf uns zu (eigentlich ein bisschen zu klein für ihn). Als ich sein Gesicht sah, passierte mir etwas ganz Komisches. Es rauschte und sprudelte, so als ob ein rauschender, sprudelnder Strom warmen Wassers aus meiner Brust und meinem Kopf herausfließen wollte. Am liebsten hätte ich laut gejubelt und gerufen und meinen Mantel vor Jesus auf den Boden geworfen. Ich habe es aber nicht getan, weil Mutter immer sagt, es sei ungezogen, meine Kleider zu zerreißen und sie schmutzig zu machen. Aber als ich ihr dann von dem warmen

Wasser erzählte und davon, dass ich meinen Mantel hinwerfen wollte und so, sagte sie, ich müsse das tun. Danach haben wir dann beide gejubelt und gerufen, bis wir ganz heiser wurden. Ganz vielen Leuten ging es genauso. Es war toll!

Wann kann etwas, was man tut, gleichzeitig ungezogen und gut sein? Wenn man es für Jesus tut.

Unterwegs verlorengegangen

Eine banale Fußnote zu diesem Abschnitt. Wie schon erwähnt, sind Bridget und ich weit gereist, nicht nur im Namen von Hilfsorganisationen, sondern auch zu Vortragsreisen oder um auf Konferenzen und Veranstaltungen in aller Welt zu sprechen. Oft haben uns dabei unsere Kinder begleitet. Leute, die mich etwas besser kennen, sind manchmal skeptisch im Blick auf meine Fähigkeit, meine eigene Organisation so weit im Griff zu haben, dass ich zum richtigen Zeitpunkt auch tatsächlich am richtigen obskuren Ort erscheine. Zum Glück ist Bridget äußerst effizient, wenn es um Reiseplanung geht. Bisher sind wir, glaube ich, noch jedes Mal sicher angekommen. Ich muss allerdings zugeben, dass die Liste der im Laufe der letzten beiden Jahrzehnte verlorengegangenen Gegenstände, die ich kürzlich zusammenstellte, eine erschreckende Lektüre war. Wir haben es wirklich geschafft, eine erstaunliche Vielzahl von Dingen zu verlieren oder beinahe zu verlieren. Ich möchte Sie gern an meiner Liste teilhaben lassen.

Wir haben sechs Kontinente übersät mit Sonnenbrillen, Kameras, einzelnen Socken, Kricketschlägern, wichtigen Dokumenten, Schüsseln, Büchern, Geschenken für Leute zu Hause, in Hotelschubladen zurückgelassener Unterwäsche (oh, die Peinlichkeit!), Kämmen, Taschen, Sweatshirts und einem heiß geliebten Teddybär namens Gregory. Keine Sorge, das Trauma, das dadurch für unsere Tochter entstand, war so groß, dass wir einen endlosen, höchst komplizierten und kostspieligen Aufwand trieben, um ihn uns von Sydney nach Hause schicken zu lassen.

Beinahe verloren haben wir: unser ganzes Geld an Diebe in Spanien und während desselben Urlaubs an eine andere Diebesbande in Dover. In beiden Fällen war unser Geld tatsächlich gestohlen worden, aber wir wussten sofort, wer es genommen hatte, und wie es scheint, überzeugte die schiere einfallsreiche Unberechenbarkeit der gesamten Plass-Sippe beide Gruppen von verwirrten Kriminellen davon, dass die Option, das Geld zurückzugeben, dem Versuch, es zu behalten, eindeutig vorzuziehen sei.

In Neuseeland verlor ich die Hälfte eines meiner Ohrläppchen, als wir angeln gingen und mein Sohn Joe einen Blinker (einen großen Metallgegenstand mit Stacheln daran) auswarf und mich damit am Ohr erwischte. Es fühlte sich an, als hätte mir jemand einen Backstein seitlich an den Kopf geschmissen. Ich musste dann mit dem Blinker am Ohr, als wäre es ein grotesker Ohrring, zum Arzt, um ihn entfernen zu lassen. Für die Mitarbeiter in der Praxis war meine Ankunft jedenfalls das Highlight eines trüben Tages. Ich glaube, es war keine einzige Person da, die meinen innovativen Ohrschmuck nicht zum Brüllen komisch fand.

Ich dachte, ich hätte meine Tochter für immer verloren, als wir mit unserem Boot in einem Fluss in Dänemark kenterten und sie unter Wasser verschwand. Schließlich tauchte sie dann doch wieder auf und hüpfte auf den Wellen unter dem kieloben schwimmenden Boot. Ihre ersten Worte in diesem Moment waren: »Ich wusste, dass mir nichts passieren kann, Papa, weil du ja bei mir bist.« Keinesfalls unbedingt wahr, aber dennoch ein wunderbares christliches Gleichnis.

Dicht davor, unsere Hoffnung zu verlieren, waren wir im trostlosen Grenzgebiet zwischen Sambia und dem Kongo, wo Lastwagenfahrer wochenlang festsitzen, während die Mühle der Bürokratie sich mit endloser Langsamkeit durch die Formalitäten ihrer Papiere mahlt. Dieses geografische und soziale Niemandsland ist der Ort, an den junge Sexarbeiterinnen kommen, um nach Kunden zu suchen, die sie unter den gelangweilten Fahrern, die weit von zu Hause fort sind, auch zuhauf finden. Für viele dieser Mädchen besteht kaum eine Chance auf eine andere Einkommensquelle.

»Dürfen wir kommen und bei Ihnen zu Hause in England arbeiten?«, fragten sie uns. Offensichtlich schwebte ihnen dabei ein riesiges gräfliches Herrenhaus voller Dienstboten vor.

World Vision tut unter diesen liebenswerten Mädchen in aller Stille eine wunderbare Arbeit; ebenso auch unter den Fahrern, die auf ihre Weise genauso bedürftig sind.

Was noch? Um ein Haar verloren wir unsere Stimmen, als in der Kathedrale von Auckland die Soundanlage ausfiel und wir der Menschenmenge unsere sanfte, liebevolle Botschaft zubrüllen mussten. Leider war besagte Menschenmenge unrettbar abgelenkt durch die hinter uns emsig tätigen Techniker, die sich bemühten, das Problem mit der Anlage zu beheben. Dadurch war die ganze Veranstaltung ein ziemlicher Schlag ins Wasser.

Definitiv verloren haben wir: unseren Lebenswillen im Flughafen von Los Angeles (Ihnen wird es auch nicht anders gehen, sollten Sie je dorthin kommen), den größten Teil mehrerer Mahlzeiten in Bolivien, jedes einzelne Gepäckstück auf unserer allerersten Reise nach Australien, viel zu schnell an Höhe in einem Flugzeug, in dem wir in Schnee und Nebel in Kanada landeten, und unsere Würde in Peru.

Die Sache in Peru. Ich muss vorausschicken, dass das gesamte Toybox-Team an Durchfall litt, als wir in Lima ankamen. Als wir uns in einer Apotheke Medikamente holen wollten, zeigte uns die Apothekerin eine Art Farbpalette mit einem Spektrum von Hellgelb bis Dunkelbraun. Welche dieser Farben kam dem Hauptsymptom unseres Zustandes am nächsten? Das wollte sie von uns wissen. Lustig, was?

Wir verloren unser Selbstvertrauen in Amerika, alle unsere Souvenirs an korrupte Zollbeamte in Aserbaidschan, etliche Pfunde in Schweden und in der Schweiz (da wir uns dort das Essen nicht leisten konnten), mehrere trostlose Stunden lang die Orientierung in Holland, wo es ein äußerst merkwürdiges Wegweisersystem gibt, unsere Fassung in Verkehrsstaus in Bangladesch, unseren Glauben an die Institution der Ehe an etlichen Orten und unsere Herzen an Tausende von Kindern, denen wir überall auf der Welt begegnet sind.

Aber – unsere Pässe haben wir nie verloren! Noch nicht.

4 FREMDES FEUER

Prioritäten

Als ich mich hinsetzte, um über Prioritäten für dieses Buch nachzudenken, wurde mir sehr schnell klar, dass das Problem des fremden Feuers ziemlich weit oben auf der Liste stehen müsste. Dies ist ein Punkt, an dem es sich sehr zu kämpfen lohnt. Unser christlicher *Kampf der Welten* beginnt richtig zu toben, wenn wir vor der Notwendigkeit stehen, die ausschließliche Hingabe an die echte Kraft und den Willen Gottes gegen menschliche Erfindungen, religiöse Exzesse, ausgeleierte Verhaltensmuster und als geistliche Autorität getarnte Schikanen, die oft nur durch Machtgier motiviert sind, zu verteidigen. Der Ausdruck »fremdes Feuer« stammt aus dem Alten Testament.

Am Fuß des Berges Sinai

Als ich vor einigen Jahren gebeten wurde, für die Bible Reading Fellowship einige Bibelandachten über das dritte Buch Mose zu schreiben, war ich nicht übermäßig begeistert. Aber mein Interesse erwachte unwillkürlich, als ich anfing, mich näher mit diesem sehr komplexen und dichten Werk zu beschäftigen. Es steckt darin ein dringliches Streben danach, dafür zu sorgen, dass nicht das kleinste Detail, das für die richtige Beziehung zwischen Gott und seinem Volk erforderlich ist, übersehen wird.

Was mich besonders interessierte, war die Passage, in der geschildert wird, wie rasch und scheinbar erbarmungslos die beiden Söhne Aarons hingerichtet wurden, als sie mit dem Feuer spielten, wie Sie gleich sehen werden. Ihr Versprechen bestand darin, dass sie ein Feuer verwendeten, das von Gott nicht geheiligt war. Aaron muss am Boden zerstört gewesen sein. »Fremdes Feuer« taucht auch in dem sehr herausfordernden Buch Maleachi auf. Lesen Sie es ruhig einmal nach. Diese Stellen brachten mich ins Nachdenken über fremdes Feuer als Metapher für inakzeptable religiöse Praktiken in unserer eigenen Zeit. Doch bevor wir darauf zu sprechen kommen, lassen Sie uns an jene unglaublich dramatischen, Jahrtausende zurückliegenden Momente in der Wüste am Fuß des Berges Sinai zurückdenken.

Frisch gewaschen und in vollem Ornat: 3. Mose 8,5-9

> [Mose] sprach zu ihnen: Dies ist's, was der Herr geboten hat zu tun. Und Mose ließ herzutreten Aaron und seine Söhne und wusch sie mit Wasser und legte ihm das leinene Gewand an und gürtete ihn mit dem Gürtel und zog ihm das Obergewand an und tat ihm den Priesterschurz um und gürtete ihn mit dem Gurt des Schurzes. Dann tat er ihm die Brusttasche an und legte in die Tasche die Lose »Licht und Recht« und setzte ihm den Kopfbund auf sein Haupt und befestigte an dem Kopfbund vorn das goldene Stirnblatt, den heiligen Reif, wie der Herr es Mose geboten hatte.

Das ist wirklich außergewöhnlich, oder? Es erinnert mich an eine von James Herriots Geschichten über das Leben als Landtierarzt in Yorkshire. Darin wird der junge Herriot von einem graubärtigen alten Tierarzt dazu überredet, sich auf einem Bauernhof, wo er beim Kalben helfen soll, einen lächerlich unbequemen Gummianzug mit dazu passender Kappe anzuziehen. Zur Erheiterung der Zuschauer stellt sich dann heraus, dass die Rolle dieser unbeschreiblich ausstaffierten Gestalt lediglich darin besteht, dem älteren Tierarzt ein Pessar zu reichen.

Hier haben wir Aaron, aufgebrezelt wie eine Kreuzung zwischen dem Kaiser von China und Darth Vader. Und das war nur der Anfang. Nachdem die Söhne gewaschen waren und Aaron sein kompliziertes Gewand angelegt hatte, musste jeder von ihnen am rechten Ohr, der rechten Hand und an den Zehen des rechten Fußes mit Opferblut gezeichnet werden. Dann wurden sie in ihren Gewändern mit Öl und Blut besprengt. Aaron muss sich gefühlt haben wie Oliver Hardy, wenn er zu Stan Laurel sagte: »Da hast du mich mal wieder in einen schönen Schlamassel gebracht!«

Im Ernst, wieso waren diese Verkleidung und das Besprengen und die Waschung denn so wichtig? Vielleicht hatte es etwas mit der Notwendigkeit zu tun, dass Aaron und seine Söhne in die wichtige Aufgabe, die vor ihnen lag, vollkommen eintauchten, in ihr aufgingen und an sie gebunden waren. Menschen sind sehr wankelmütig und leicht abzulenken. Die Komplexität all dieser zeremoniellen Einzelheiten war wie ein Netz, das sie festhielt, bis die Aufgabe erledigt war, und zwar richtig.

Heutzutage müssen wir uns nicht mehr mit so vielen Kleinigkeiten abgeben. Aber wie viel von uns selbst bringen wir freiwillig in die Aufgaben ein, die Gott uns gibt? Freiheit fühlt sich manchmal an wie harte Arbeit.

Geheiligtes Feuer: 3. Mose 9,22-24

Und Aaron hob seine Hände auf zum Volk und segnete sie und stieg herab, nachdem er das Sündopfer, Brandopfer und Dankopfer dargebracht hatte. Und Mose und Aaron gingen in die Stiftshütte. Und als sie wieder herauskamen, segneten sie das Volk. Da erschien die Herrlichkeit des Herrn allem Volk. Und ein Feuer ging aus von dem Herrn und verzehrte das Brandopfer und das Fett auf dem Altar. Da alles Volk das sah, frohlockten sie und fielen auf ihr Antlitz.

Damit sind wir am Ende des langen und komplizierten Prozesses der Ordination Aarons und seiner Söhne als Priester. Stiere, Ziegen, Widder und Kälber sind vorbereitet und geopfert worden, alle nach einem genauen zeremoniellen Ablauf, um die Sünden der neuen Priester und des ganzen Volkes Israel zu sühnen. Gott hat versprochen, wenn alles gut gemacht werde, werde er ihnen erscheinen und seine Herrlichkeit zeigen. Nun ist der Augenblick gekommen. Plötzlich, als Mose und Aaron aus der Stiftshütte treten und das Volk segnen, lodern übernatürliche Flammen auf, verzehren die Opfer und erfüllen die Menschen mit einer überwältigenden Mischung aus Freude und Schrecken.

Ist es nicht gut, wenn Gott erscheint? Natürlich ist er immer da, aber Sie wissen, was ich meine. Wenn Sie auf unwegsamen Straßen durch schwere Zeiten gegangen sind und nicht besonders erfolgreich versucht haben, gehorsam zu sein und das Richtige zu tun, und wenn Sie kurz davor sind, aufzugeben, ist es dann nicht fantastisch, wenn das geheiligte Feuer Gottes in Ihr Leben hineinlodert? Es verwandelt alles, was Sie anbieten, in Asche. Aber es bringt Sie dazu, vor Erleichterung und Freude zu zittern, weil er gekommen und der Himmel wieder einmal erfrischend über die Erde gefegt und nun alles in Ordnung ist.

Oft passiert das freilich nicht, oder? Nicht sehr oft. Warum nicht? Ich frage mich, ob das mit der lässigen Unbeständigkeit zusammenhängt, mit der wir auf unserer geistlichen Reise unterwegs sind. Ich erinnere mich an John Wimber, der ein ganzes Jahr lang gehorsam Heilung predigte, obwohl niemand geheilt wurde, und dann erlebte, wie die Kraft Gottes an den Körpern unzähliger Menschen wirkte. Ich habe eine tiefe Sehnsucht danach, das Feuer Gottes zu sehen. Ich weiß nur nicht genau, ob ich imstande bin, beständig auf einem Weg zu bleiben, der doch bisweilen sehr beschwerlich erscheint.

Fremdes Feuer: 3. Mose 10,1-5

> Und Aarons Söhne Nadab und Abihu nahmen ein jeder seine Pfanne und taten Feuer hinein und legten Räucherwerk darauf und brachten so ein fremdes Feuer vor den Herrn, das er ihnen nicht geboten hatte. Da fuhr ein Feuer aus von dem Herrn und verzehrte sie, dass sie starben vor dem Herrn. Da sprach Mose zu Aaron: Das ist's, was der Herr gesagt hat: Ich erzeige mich heilig an denen, die mir nahe sind, und vor allem Volk erweise ich mich herrlich. Und Aaron schwieg. Mose aber rief Mischaël und Elizafan, die Söhne Usiëls, des Oheims Aarons, und sprach zu ihnen: Tretet hinzu und tragt eure Brüder von dem Heiligtum hinaus vor das Lager. Und sie traten hinzu und trugen sie hinaus mit ihren leinenen Gewändern vor das Lager, wie Mose gesagt hatte.

Oh je.

Wie schon gesagt, weist Gott im ersten Kapitel des Buches Maleachi seine Priester dafür zurecht, dass sie »fremdes Feuer« auf dem Altar dargebracht hatten. Wann lernen wir endlich, dass Gott nichts, aber auch gar nichts, von der fabrizierten Frömmigkeit von Leuten hält, die sich von bloßer menschlicher Begeisterung und vom Ehrgeiz hinreißen lassen?

Was für eine traurige Geschichte! Manchmal überrascht mich die Bibel mit einem Satz, der von so berührender Eindringlichkeit ist, dass er mir die Tränen in die Augen treibt. Ein Beispiel dafür befindet sich in Matthäus 14. Als Jesus vom Tod seines Vetters Johannes hörte, »fuhr er von dort weg in einem Boot in eine einsame Gegend allein«. Natürlich hatte die Menschenmenge ihn bald ausfindig gemacht. Jesus hatte nie viel Zeit für sich selbst.

»Und Aaron schwieg.«

Was sollte er, überwältigt von Trauer über den Tod seiner Söhne, auch anderes tun? Es gibt nichts zu sagen. Nahab und Abihu haben es vermasselt. Sie haben versucht, Gott zu organisieren, und das gefiel Gott nicht. Wie traurig ist es, zu lesen, dass sie »mit ihren leinenen Gewändern« hinausgetragen wurden – farbenfrohe Symbole einer Zukunft, die doch so strahlend und erfolgreich ausgesehen hatte.

Eine ganz schön harte geistliche Grundausbildung, was? Was für ein strenges Regiment: keine Kompromisse, keine zweiten Chancen. Entweder auf meine Art oder gar nicht, so spricht (mehr oder weniger) der Herr. Offensichtlich war absolute Reinheit in der Priesterschaft unerlässlich, und ich nehme an, Gott wusste, was er tat. Er weiß es meistens.

Wie immer Sie auch auf diese traurige Geschichte reagieren, eine Lektion ist klar. Versuchen Sie nicht, Gott zu organisieren. Er mag das nicht. Es wird nicht funktionieren. Das Feuer muss von ihm kommen.

Warnung vor goldenen Kälbern

So ereignete es sich damals. Sollte aber jemand von uns wirklich glauben, dass es fremdes Feuer nur in alttestamentlicher Zeit gab, so irren wir uns gewaltig. Davon gibt es auch heute noch jede Menge, und es taucht aus verschiedenen Gründen auf. Schauen wir uns ein paar davon an.

Einer der häufigsten ergibt sich aus einem relativ harmlosen Verlangen danach, Nähe zu einem Gott zu erleben, der sich anscheinend nicht immer so blicken lässt, wie man es uns zu erwarten gelehrt hat. Wenn wir aber den Sonntagsgottesdienst mit einem Haufen dramatischer visueller Mittel und Blinklichter und extravaganter Spezialeffekte und fabrizierter Stimmen aus dem Himmel aufmotzen, dann können wir vielleicht uns selbst und allen anderen weismachen, dass irgendwo inmitten all dessen Gott selbst stecken müsse. Wenn der Chor sich zu neuen Höchstleistungen aufschwänge und wir das Soundsystem durch die neueste Technik ersetzen würden, dann ließe sich der Heilige Geist vielleicht verlocken, den Raum zu bewohnen, den wir geschaffen haben. Natürlich ist an all diesen Dingen an und für sich nichts Falsches, aber wenn wir vorhaben, damit ein goldenes Kalb zu erschaffen, das man mit Gott verwechseln könnte, dann vergeuden wir mit größter Sicherheit unsere Zeit.

Weit weniger harmlos sind Leute, die den berauschenden Geschmack der Macht auf der Zunge gespürt haben und nun immer mehr davon haben wollen. Viele unserer Brüder und Schwestern im Leib Christi sind für diese Wölfe im Schafspelz leichte Beute. Wenn Sie sich wie ein verirrtes Lamm im tiefsten Herzen danach sehnen, einen Hirten zu finden, dem Sie vertrauen können, dann ist es leicht, sich von einer selbstbewusst klingenden Stimme oder einem scheinbar sicheren Auftreten verführen zu lassen. Meine Frau und ich sind schon viel zu oft solchen Opfern von Schikanen und rücksichtsloser Machtausübung begegnet und haben mit ihnen gesprochen. Gott verhält sich nicht so. Er kann streng sein, aber er ist auch nett, und er tyrannisiert niemanden.

Nur das, was tatsächlich Gott tut, kann Einfluss zum Guten haben. Fälschungen sind bestenfalls Zeitverschwendung; schlimmstenfalls richten sie bei denen, die sich von ihnen in die Irre führen lassen, schweren Schaden an. Ich erinnere mich zum Beispiel an einen Freund in Deutschland, der mir erzählte, als er ein junger Mann war, habe ihm jemand, der behauptete, eine prophetische Gabe zu haben, gesagt, er sei homosexuell. Die Wirkung dieser idiotischen Aussage war katastrophal. Mein Freund war in einem Alter und in einer Geistesverfassung, wo er glaubte, alles, was ihm von älteren, erfahreneren Christen gesagt wurde, müsse von Gottes sein. Es ist keine Übertreibung, zu sagen, dass er durch diese achtlos dahingeworfene Aussage sein Leben lang schwer gelitten hat. Jahre später begegnete er dem Mann, der ihm so gedankenlos Schaden zugefügt hatte, und fragte ihn, wie er über das denke, was er getan hatte. Der »Prophet« zeigte keinerlei Reue. »Nun ja«, meinte er, »man hat uns immer gesagt, es sei am besten, diese Dinge auszusprechen, wenn sie uns in den Sinn kommen. Wir wollen ja nicht die Sachen, die von Gott sind, verpassen, weil wir uns Sorgen um die Dinge machen, die nicht von ihm sind, oder?«

Ich möchte gerne zu Protokoll geben, dass ich selten einen solchen Haufen unsortierten Müll gehört habe. Wahre Prophetie ist ein kostbares Juwel, aber Sie sollten niemals, niemals, niemals hoch unendlich solche ins Persönliche gehende und potenziell schädliche Dinge sagen, wie mein Freund sie erdulden musste, es sei denn, wir haben uns Zeit genommen, um zu beten und uns mit jemandem zu besprechen, der weiser ist als wir – was in meinem Fall nicht allzu schwierig ist. Hinzufügen möchte ich, dass man solche Dinge nicht unbedingt immer als Prophetie etikettieren muss, wenn man sie ausspricht. Auch ein salbungsvoller biblischer Jargon ist dafür nicht nötig. Wenn sie von Gott sind, werden sie ihr Ziel finden, und wenn nicht, bieten diese Vorsichtsmaßnahmen eine eingebaute Möglichkeit zur Schadensbegrenzung.

Beispiel gefällig? Ein Freund von mir saß einmal in einem Gottesdienst unten in Devon neben einem Mann, den er kannte. Sein Nachbar lachte über irgendetwas, was gerade vorne gesagt worden war. Mein Freund spürte, wie sich in seinen Gedanken ein Satz bildete, und er glaubte, er sei für den Mann neben ihm bestimmt. Er beugte sich hinüber und flüsterte ihm zu: »Glauben Sie dieses ganze Zeug?« Mitten im Lachen fing der Mann auf einmal an zu weinen, und die beiden verbrachten einen Großteil des übrigen Tages damit, über die Quelle dieser Tränen zu reden und zu beten. Prophetie? Wahrscheinlich, aber eigentlich spielt das gar keine Rolle, oder?

Ja, natürlich gibt es Momente, in denen eine Mitteilung Gottes unerschrocken auf der Stelle ausgesprochen werden muss. Aber wir sollten äußerst vorsichtig sein, wenn auch nur die geringste Gefahr besteht, dass unsere Botschaft Schaden anrichten könnte.

Ich frage mich, welche Erfahrungen Sie mit fremdem Feuer gemacht haben? Es gibt so viele verschiedene Erscheinungsformen davon. Es würde mich sehr interessieren, von Ihnen zu hören, wie Sie sich daran verbrannt haben, solange es nicht zu schmerzlich für Sie ist, darüber zu sprechen. Ich hoffe sehr, Sie haben auch schon lupenreine, von Gott bewirkte Ereignisse oder Erfahrungen erlebt, so wie ich bei ein paar Gelegenheiten. Dieses Thema wirft so viele Fragen auf. Woran erkennen wir den Unterschied zwischen dem echten und dem fremden Feuer? Warum macht es uns Gott nicht leichter? Gewiss, die Welt des göttlich geheiligten Feuers kann manchmal ein bisschen verwirrend sein. Das ist unvermeidlich, wo immer wir dem wirklichen Leben begegnen (begleiten Sie Paulus auf seiner wechselvollen Reise durch die Apostelgeschichte, wenn Sie mir nicht glauben), aber sie ist zweifellos der Planet, auf dem es sich am sichersten leben lässt.

Wucherer

Ich füge einen kleinen Monolog mit dem Titel »Der Mann, der das Seil lieferte« an, weil mir in letzter Zeit eindringlich bewusst geworden ist, dass manche Formen fremden Feuers äußerst subtil sind. Jesus warf im Tempelhof die Tische um, was zweifellos Zorn und Frust bei denen auslöste, die damit beschäftigt waren, die Besucher, die die Tempelwährung brauchten, um Vieh und Vögel für die Opfer zu kaufen, übers Ohr zu hauen. Der Sohn Gottes war über die Maßen wütend auf diese Wucherer.

Meine Frage ist folgende: Was für Tische würde er wohl heute umschmeißen? Wo werden in der christlichen Gemeinde des einundzwanzigsten Jahrhunderts Leute übers Ohr gehauen? Wenn Leute zu denen kommen, die angeblich Bescheid wissen und sich als frisch gebackene Nachfolger Jesu präsentieren, was bekommen sie dafür? Viele werden gut betreut und mit Liebe und Respekt behandelt, aber ich höre viel zu oft von leidgeprüften Leuten, die sich dabei in irgendeinem verrückten einengenden Netz verfangen. Dieses Netz besteht aus Bruchstücken falsch verstandener Verse aus der Bibel oder aus kulturellen Verhaltensformen, die einen pseudogeistlichen Status erlangt haben. Sie haben sehr wenig damit zu tun, was Menschen tatsächlich denken und fühlen und wie sie mit der Welt zurechtkommen. Vielleicht ist die Wirklichkeit einfach zu schwierig für Gruppen, die sich mühsam eine Strategie zurechtgeflickt haben, um auf sicherem Boden zu bleiben, und die nicht vorhaben, sich diese Sicherheit streitig machen zu lassen.

Urteile ich zu hart? Warten Sie, bis Jesus in den Tempelhof tritt und sich die geistlichen Wucherer unserer Zeit vorknöpft. Ich bin es so leid, Leuten zu begegnen, die in ihrem ganzen Menschsein abgeschaltet und gezwungen wurden, sich zwischen Nachgeben und Abhauen zu entscheiden. Es war niemals Jesus, der sie in diese Ecke gedrängt hat, aber er weiß, wer es war.

Ach übrigens, habe ich erwähnt, dass der folgende Text locker und humorvoll sein soll? Oh nein, das habe ich vergessen. Wir wollen ja nicht schwermütig werden, oder? Dieser Bursche hört sich wahrscheinlich etwa so an wie der entscheidungsscheue Jim Trott aus der wunderbaren britischen Fernsehserie *The Vicar of Dibley*.

Der Mann, der Jesus das Seil lieferte

Ich mache in Seilen. Das ist alles, was ich kann. Ich mache Seile, schneide Seile, verkaufe Seile, liefere Seile aus und hefte mich Leuten an die Fersen, die mir Geld für Seile schulden. Einmal im Monat habe ich auch einen Secondhand-Stand in Bethlehem mit dem Motto Bargeld für alte Seile. Eines Tages werde ich wahrscheinlich aus Versehen im Schlaf ein Seil heiraten. Ich arbeite gleich vor dem Tempel in einer Art Zelt, das von Seilen emporgehalten wird, mit einem großen Schild über dem Dach, auf dem ein Seil abgebildet ist, und darunter ein aus dünnen Seilen gefertigter Schriftzug: Ich fertige und verkaufe Sandalen. Das war nur ein Scherz – natürlich nicht. Der Schriftzug lautet Seile.

Jedenfalls werdet ihr nicht glauben, was heute Morgen passiert ist. Wirklich nicht. Also dieser Typ, ja? Marschiert geradewegs an meinem Zelt vorbei in den Tempelhof. Sieht aus wie einer, der irgendwo was zu sagen hat, wenn ihr wisst, was ich meine. Ein paar Minuten später kommt er wieder heraus. Sein Gesicht! Ihr hättet sein Gesicht sehen sollen. Passt auf. Ich habe im Laufe der Jahre schon ein paar harte Burschen kennengelernt. Das bleibt nicht aus, wenn man in Seilen macht. Aber diese Typen – ach du meine Güte!

Mit grimmigem Mund und blitzenden Augen kommt er auf mich zu marschiert und sagt: »Hast du Seile?«

Also, ich bin umgeben von Bergen von Seilen, oder etwa nicht? Seile'R'Us, zu Diensten. Aber Sarkasmus scheint mir im Augenblick nicht die ratsamste Option zu sein. Also sage ich nur: »Äh, nein, nein, nein, nein, nein, ja. Was für ein Seil hättest du denn gerne?«

»Mit Knoten«, sagt er mit knirschenden Zähnen. »Mit dicken Knoten. Eins, das man leicht mit einer Hand schwingen kann.«

Und ab marschiert er mit einem Stück von meinem besten Seil in seinen starken Händen. Wenig später gibt es ein Geschrei und ein Getöse und ein Gedröhn und ein Durcheinander, wie ich es noch nie zuvor gehört habe. Und Federn! Federn schweben hinauf in den Himmel, dicht gefolgt von den schwer erbosten Tauben, von denen sie wohl abgegangen sein müssen. Das reinste Chaos!

Und da taucht er nach zwei Minuten wieder auf und knallt das Seil vor mir auf den Tisch.

»Gutes Stück Seil«, sagt er, »danke.«

Hört sich an wie ein Fachmann.

»Du machst also auch in Seilen?«, frage ich.

»Nein«, sagt er, immer noch mit grimmigem Blick, aber jetzt mit dem Anflug eines Lächelns. »Ich bin Zimmermann von Beruf, aber nebenbei mache ich gelegentlich auch mal eine Hausentrümpelung. Mach's gut, mein Freund.«

Und weg ist er.

5 VERSCHWENDETE SCHWACHHEIT

Stachelige Fragen

Hier ist eine Frage an Sie: Was bremst Christen aus? Die Standardantworten auf diese Frage sind Sünde, dann Ungehorsam, ein unzureichendes Gebetsleben, mangelndes Bibellesen und Mangel an Gemeinschaft. Es wird (so hoffe ich) Ihrer Aufmerksamkeit nicht entgangen sein, dass dies alles negative Verhaltensweisen sind. Wir vergessen allzu leicht, dass Jesus in Matthäus 23 die Zehn Gebote zu einer Liste von zwei ganz und gar positiven Geboten umformulierte. Alle beide schränken negatives Verhalten ein und schieben es zur Seite, statt das Hauptaugenmerk darauf zu richten.

Eingedenk all dessen möchte ich gerne meine eigene Liste von ausbremsenden Faktoren aufstellen. Sie umfasst Prinzipien, gespielte fromme Begeisterung und den Faktor, den ich jetzt mit Ihnen ein paar Momente lang betrachten möchte: die Verschwendung von Schwachheit. Wie ist es möglich, Schwachheit zu verschwenden? Erinnern Sie sich an den folgenden Abschnitt aus 2. Korinther 12?

> Und damit ich mich wegen der hohen Offenbarungen nicht überhebe, ist mir gegeben ein Pfahl ins Fleisch, nämlich des Satans Engel, der mich mit Fäusten schlagen soll, damit ich mich nicht überhebe. Seinetwegen habe ich dreimal zum Herrn gefleht, dass er von mir weiche. Und er hat zu mir gesagt: Lass dir an meiner Gnade genügen; denn meine Kraft ist in den Schwachen mächtig. Darum will ich mich am allerliebsten rühmen meiner Schwachheit, damit die Kraft Christi bei mir wohne. Darum bin ich guten Mutes in Schwachheit, in Misshandlungen, in Nöten, in Verfolgungen und Ängsten um Christi willen; denn wenn ich schwach bin, so bin ich stark.

Da haben Sie es. Die verblüffende Tatsache ist, dass Gottes Kraft in unseren Schwachheiten mächtig ist. Weil diese Worte ziemlich bekannt sind, denken wir vielleicht, wir wüssten schon, was das bedeutet, oder? Aber es lohnt sich, diesen Gedanken einmal gründlicher nachzugehen. Schwachheit ist kein Hindernis zum Dienen. Im Gegenteil, wenn wir den Mut aufbringen, Gott von ganzem Herzen die Bereiche in unserem Leben zu bringen, in denen wir scheitern, dann wird er sie wahrscheinlich recyceln und für seine eigenen Zwecke benutzen. Die Bekehrung des Paulus und seine dann folgende Laufbahn sind das perfekte Beispiel für dieses Phänomen. Noch wichtiger ist, dass Gottes Kraft dadurch für den Rest der Welt tatsächlich noch deutlicher sichtbar werden wird, gerade weil er trotz unseres Versagens durch uns wirkt.

Unsere Schwachheiten. Große Möglichkeiten. Verschwenden wir sie nicht. Hier ist eine stachelige Frage: Hat das alles wirklich eine Bedeutung? Schließlich hat das ja überhaupt nichts mit den Maßstäben der Welt zu tun. Wollen Sie noch eine? Bitte sehr. Werden Sie durch ein Gefühl der Unzulänglichkeit und Schwachheit ausgebremst? Was würde es Sie kosten, sich Gott als öffentliches Beispiel für das wundersame Wirken des Heiligen Geistes zur Verfügung zu stellen? Vielleicht erwartet Gott zu viel? Warum sollten wir uns nicht vor allem auf unsere Stärken konzentrieren? Was meinen Sie? Hier ist ein Vorschlag, was wir tun könnten.

Geben wir doch alle auf – und zwar sofort!

Vielleicht sind Sie in Versuchung, sich dieser Initiative anzuschließen, nachdem Sie meinen letzten Abschnitt gelesen haben. Ich denke, es gibt zu diesem krassen, kompromisslosen Vorschlag zwei Dinge zu sagen, jedenfalls, soweit es Nachfolger Jesu betrifft. Erstens ist das wirklich eine ganz blöde Idee. Zweitens ist es eine großartige Idee, der Heilige Gral wahrer christlicher Hingabe, im Gegensatz zu frommem Ehrgeiz oder menschlichem Optimismus.

Zunächst einmal, warum ist es eine blöde Idee?

1995 verbrachten Bridget, ich und drei unserer Kinder einen Sonntagmorgen in einem großen Zelt in Soweto, dem riesigen Stadtteil für Schwarze, der sich am Rande der südafrikanischen Hauptstadt Johannesburg befindet. Wir feierten dort mit Hunderten von schwarzen Südafrikanern einen christlichen Evangelisations- und Feiergottesdienst. Es war ein Jahr her, dass die landesweiten Wahlen dem Übel der Apartheid ein Ende gemacht hatten, und es herrschte eine Atmosphäre tiefer, wenn auch wachsamer Erleichterung und Hoffnung. Der Gesang war spektakulär. Besonders rührte uns ein Lied zu Tränen, das nur aus drei Wörtern bestand, die immer wieder gesungen wurden in jenen packenden, mitreißenden Harmonien, die in diesem Teil der Welt aus der angestauten Leidenschaft in den Herzen und Seelen der Beteiligten entspringt.

»Gib niemals auf, gib niemals auf, gib *niemals* auf …«

Die südafrikanische Kirche hatte und hat einen äußerst starken Einfluss auf den Prozess der politischen Veränderung. Sie spielte eine entscheidende Rolle bei der Vermeidung des Blutbades, das viele, viele Menschen befürchteten. Also nein, ohne die riesigen Herausforderungen, vor denen dieses geschundene Land immer noch steht, in Abrede zu stellen: Natürlich wollen diese leidgeprüften Leute nicht aufgeben, und wir sollten es auch nicht. Es war noch nie leicht, Jesus nachzufolgen, aber es ist in jeder Hinsicht, die in dieser Welt je etwas zählen wird, das Einzige, was die Mühe lohnt. Wir sind für Jesus, und wir dürfen niemals aufgeben.

Kehrt Marsch mit quietschenden Bremsen. Warum sollten wir alle aufgeben – und zwar jetzt? Einfach deshalb, weil viele unserer säuberlich etikettierten Bestrebungen bestenfalls harmlos, aber komplette Zeitverschwendung sind. Schlimmstenfalls sind sie eine Quelle der Verwirrung und Frustration für diejenigen, die mit aller Anstrengung versuchen, ihnen einen Sinn zu geben.

Geben wir es auf, darauf zu warten, dass wir zu Christen werden, die wunderbar genug sind, dass Gott sie gebrauchen kann. Wir würden für immer warten. Gott liebt uns genau so, wie wir sind, und viel zu sehr, als dass er uns so lassen würde, wie wir sind. Überlassen wir es ihm, uns zu verändern. Kooperieren wir mit ihm, wann immer wir können, aber in der Zwischenzeit müssen wir uns an die Arbeit machen.

Geben wir es auf, den Heiligen Geist auf irgendeine Weise organisieren zu wollen. Von dem fremden Feuer im dritten Buch Mose habe ich bereits gesprochen. Manchmal lodert und knistert es sehr überzeugend. Worte, Musik, Lichter, Gebäude und visuelle Effekte können wirklich großartig sein. Sie können Tore sein, die in den äußeren Vorhof des Reiches Gottes führen. Aber sie selbst sind nicht Gott. Der alte christliche Spruch stimmt immer noch: Finde heraus, was Gott macht, und mach mit. Das ist das einzig Sichere.

Und schließlich: Fangen wir damit an, unsere ach so kostbaren Rechte aufzugeben, unsere hochgeschätzten Gewissheiten, unser Festhalten an einer persönlichen frommen Agenda, die viel eher dazu geeignet ist, Türen zu verschließen, als sie zu öffnen. Ja, geben wir alles auf, was das Wirken des Heiligen Geistes in und durch uns ausbremst. Die Liste ist noch viel länger, aber das soll für den Augenblick genügen.

Nehmen wir uns vor, Jesus niemals aufzugeben, und tun wir unser Bestes, alles aufzugeben, was im Wege steht. Jetzt gleich? Das wäre das Beste. Ja, jetzt wäre ein ausgezeichneter Zeitpunkt, um damit anzufangen.

Das Haus eines Engländers ist seine Schlossruine

Es fällt mir sehr schwer, meinen eigenen Ratschlag aus dem vorherigen Absatz zu befolgen, aber vielleicht sollte ich das. Als ich anfing, dieses Buch zusammenzustellen, schloss ich einen Pakt mit mir selbst, dass ich mich nicht davor drücken würde, über meine tiefsten, finstersten Unsicherheiten zu sprechen. Hier nun unter der Überschrift »Verschwendete Schwachheit« zwingt mich das

Gewissen, meinen wahnsinnigen Sohn freizulassen, der bisher unter dem Dach des Westflügels meines Verstandes eingekerkert war (ich habe wohl als Kind zu viel Edgar Allan Poe gelesen), und ihn den Blicken der Öffentlichkeit preiszugeben. Im Ernst, ich schäme mich *zutiefst* für meinen Mangel an praktischem Geschick. Kein Scherz. Ich tauge als Heimwerker so viel wie Mike Tyson als Ohrenchirurg. Ich habe keinen blassen Dunst, und diesen umfassenden Mangel an Fähigkeiten habe ich an meine vier Kinder weitergegeben. Wir gehören alle zu der Sorte von Leuten, die erst eine Sache vermasseln und dann jemanden anrufen müssen, damit er sie wieder in Ordnung bringt. Natürlich wäre es viel klüger, den Mann gleich anzurufen und ihn die Sache auf professionelle Weise vermasseln zu lassen.

Da sehen Sie es! Ich mache schon wieder Witze darüber, als würde mir das alles gar nicht so viel ausmachen – die Katastrophen, die ich mit Fischer-Dübeln anrichte, und die tiefen Löcher in meinen Wänden, aus denen Moltofill quillt, sobald ich ihnen den Rücken kehre, und die nicht eher Ruhe geben, als bis ich sie mit ganzen Eimern von der dicken Paste verstopft und verkleistert habe, die, wenn sie denn nach einer Ewigkeit endlich trocken ist, die schändliche Wahrheit zumindest vorübergehend verbirgt. Oh, wie ich das alles *hasse*.

Der Gipfel war es wohl, als wir vor einiger Zeit unser Haus verkauften. Das Erlebnis erinnerte mich an einen Comicstrip, der einige Jahre lang, als unsere Kinder noch kleiner waren, an der Wand unserer ärmlich dekorierten, an chronischem Kachelausfall leidenden Küche hing. Zu sehen war darauf ein Laufrad für Hamster. In dem Rad befanden sich vier Hamster: Mutter, Vater und zwei Hamsterkinder. Während sie alle eifrig paddelten, fragte eines der Kinder: »Sind wir bald da, Papa?«

Lassen wir den traurigen, düsteren und tiefsinnigen Hintergrund dieses Szenarios einmal beiseite (ich wünschte jetzt, ich hätte ihn mir nicht in Erinnerung gerufen). Unsere Bemühungen, die Aufgabe, unser Haus schließlich loszuwerden, zu begreifen und zu bewältigen, hatten etwas ähnlich Hoffnungsloses an sich. Irgendwo da draußen, so nahmen wir an, in der dünnen Atmosphäre von Institutionen und Prozessen, die zu verstehen wir völlig außerstande waren, mussten wir wohl immer näher an den Punkt kommen, an dem, um es rundheraus zu sagen, die Käufer das Haus und wir das Geld hatten. Aber irgendwie schien es nie wirklich so weit zu kommen. Das Rad drehte sich und drehte sich und drehte sich, aber wir kamen nie irgendwo an.

Irgendwo nicht allzu tief in meiner Seele hegte ich, der ich mein Zuhause auf vielerlei Weise vernachlässigt hatte, freilich die Furcht, dass unser Haus – von unserem Leben gar nicht zu reden – einer näheren Prüfung nicht standhalten würde. Gäste müssen ja immer höflich sein. Sie treten in die Diele und sagen Dinge wie: »Wie schön ihr es hier habt.« Meistens fügen sie dann nicht hinzu: »Aber sag mal, warum löst sich denn da unten bei der Esszimmertür die Fußleiste von der Wand? Und kannst du mir vielleicht erklären, was das für ein dunkelbrauner Streifen ist, der da im Winkel des Fensterrahmens herunterläuft, gleich über der Stelle, wo die Fensterbank gerissen ist? Es sieht fast so aus, als wäre da eine undichte Stelle, durch die schon seit langer Zeit das Wasser eindringt und das Holz beschädigt …«

Käufer und Makler dagegen müssen sich eine solche Zurückhaltung nicht auferlegen. Käufer kommen und gucken und stochern und schreiben sich Sachen in kleine Notizbücher und gehen nach draußen und recken die Hälse, um besorgte Blicke auf das Dach zu werfen, und sie klettern auf Sachen, um in den Dachrinnen herumzutasten, die ich, ganz ehrlich, schon seit Monaten vom Unrat zu befreien vorhatte.

Meine irrationale Angst war, dass am Ende ein Furcht einflößender, sieben Meter großer streng-väterlicher Rechtsanwalt mich anbrüllen würde, weil ich mir einbildete, unser verplanter, unzulänglich instand gehaltener Haufen Schutt ließe sich tatsächlich für einen Preis verkaufen, der auch nur in der Nähe dessen lag, was wir dafür haben wollten.

Im Grunde ist es auch genau so gekommen. Der Anwalt der Käufer schickte uns eine Reihe von Anfragen zu. Mein ultradefensiver Standpunkt führte dazu, dass sie mir hochnäsig und arrogant erscheinen mussten, aber auch der am praktischsten denkende Mann auf der Welt hätte zu dem Schluss kommen können, dass sie ein wenig übertrieben waren. Der Wurm in mir flüchtet sich meistens in die Satire, und ich vermute, dass das der Punkt sein könnte, an dem Gott am häufigsten eine Stärke in meinen Schwachheiten entdeckt. Ich machte mir den Spaß, eine Reihe scherzhafter Antworten auf diese Liste von Fragen zu schreiben. Abgeschickt habe ich sie nicht. Beinahe hätte ich es getan. Fast wünschte ich, ich hätte es getan. Aber *Ihnen* werde ich sie zeigen. Sonst habe ich sie noch nie jemandem gezeigt. Es wird Sie nicht sehr überraschen, zu hören, dass ich den Namen der Anwaltskanzlei geändert habe. Die Fragen jedoch sind nur leicht bearbeitet, und ich versichere Ihnen, dass die Rechtschreibfehler genau so wiedergegeben sind, wie sie im Original erschienen.

In Beantwortung der Fragen von Umbrage, Hubris & Strop

1. *Hat der Verkäufer Kenntnis von irgendwelchen Entwicklungen in der Nachbarschaft, die Rückwirkungen auf das Objekt haben könnten, einschließlich jedweder Anordnungen oder Vorhaben lokaler oder anderer Behörden oder Körperschaften, die verpflichtenden Charakter haben und Vorhaben zur Erschließung oder zum Nießbrauch angrenzender oder benachbarter Grundstücke betreffen?*

Betreffs Entwicklungen in der Nachbarschaft, die Rückwirkungen auf das Anwesen haben könnten, so gibt es keine derartigen Entwicklungen, soweit mir bekannt ist. Ich bin im Augenblick ein wenig abgelenkt durch den ständigen Lärm von Kränen, Baggern und Raupen in meinem Garten und auf den Feldern unmittelbar hinter und neben dem Haus, aber sollte mir noch irgendetwas dazu einfallen, werde ich Sie auf jeden Fall sofort informieren.

2. *Verfügt der Verkäufer über Informationen zu irgendeinem der folgenden Ereignisse, die zu irgendeinem Zeitpunkt Rückwirkungen auf das Objekt (einschließlich des Grundstücks, wo relevant) gehabt haben könnten:*

Überschwemmungen.

Bau- oder Abwasserschäden.

Bodenabsenkungen.

Holzwurmbefall, aufsteigende Feuchtigkeit, Trocken- oder andere Fäule.

Elektroinstallationen, die den Anforderungen der zuständigen Aufsichtsbehörde nicht entsprechen.

Betreffs Überschwemmungen, Bau- oder Abwasserproblemen, Bodenabsenkungen, Holzwurmbefall, aufsteigender Feuchtigkeit, Trocken- oder anderer Fäule und Elektroinstallationen, die den Anforderungen der zuständigen Aufsichtsbehörde nicht entsprechen, kann ich Ihnen zu meiner Freude mitteilen, dass all diese Dinge vorhanden sind, und das schon seit einiger Zeit.

3. *Bitte bestätigen Sie, dass jegliche Reparaturen von Personen durchgeführt wurden, die fachlich qualifiziert sind, solche Arbeiten vorzunehmen.*

Alle Arbeiten an meinem Haus wurden von Gareth Ford ausgeführt, der drei Häuser weiter wohnt, Volkshochschulkurse in Holz- *und* Metallverarbeitung absolviert hat und so geschickt ist wie jeder andere auch, der über uneingeschränktes Sehvermögen verfügt.

4. *Bitte nennen Sie uns alle zustimmenden oder ablehnenden Bescheide zu geplanten Bau- und Umbauvorhaben gemäß Bausatzung während der Zeit, in der das Objekt im Besitz des Verkäufers war, sowie entsprechende Einzelheiten in Bezug auf frühere Zeiträume, soweit sie dem Verkäufer bekannt sind. Die Planungsgenehmigungen unter Ziffer WD/82/23275, 83/1464 und 90/2295 liegen uns in Kopie bereits vor.*

Ich bin sicher, Ihre Mandanten würden mir zustimmen, dass diese Begriffe verwirrend subjektiver Natur sind. Wir menschlichen Pilger maßen uns an, über Planungsgenehmigungen unter Ziffern wie WD/82/23275, 83/1464 und 90/2295 zu reden, als stünden sie für eine klar definierte, objektive Wirklichkeit. Aber die Wahrheit ist doch, dass verschiedene genetische Einflüsse und Lebenserfahrungen eine einheitliche Perspektive zu diesen und ähnlichen Fragen gar nicht zulassen. War es nicht G. K. Chesterton, der sagte: Was dem einen sein Bauabnahmezertifikat, ist dem anderen sein Papierflieger? Wir müssen doch gewiss im Mysterium leben und uns ihm ausliefern.

5. *Betreffs der Zentralheizung am Objekt: Wann wurde sie installiert, ist sie das uneingeschränkte Eigentum des Verkäufers, besteht ein laufender Vertrag mit einem Brennstofflieferanten, und ist sie uneingeschränkt funktionsbereit?*

Betreffs der Zentralheizung muss ich ehrlicherweise sagen, dass ich nicht genau weiß, ob sie sich genau im Zentrum befindet. Ich tue stets mein Bestes, um sicherzustellen, dass das Feuerholz und die Grillanzünder jedes Mal an derselben Stelle auf dem Wohnzimmerfußboden aufgeschichtet werden, indem ich sie an der Markierung an der Decke ausrichte. So vermeide ich weitere Brandstellen und unnötige Abnutzung anderer Teile des Teppichs. Ich räume jedoch ein, dass die Position jedes Mal um ein paar Zentimeter abweichen kann. Einen Brennstofflieferanten nehme ich derzeit nicht in Anspruch. Ihre Mandanten sollten jedoch wissen, dass dies sich jederzeit ändern kann, wenn wir und später dann sie die vorhandenen Vorräte an Türen und Regalen verbraucht haben.

6. *Besitzt der Verkäufer Kenntnis von irgendwelchen Defekten am Abwassersystem?*

Mir sind keine Defekte am Abwassersystem bekannt, aber ich bin gern bereit, diese im hiesigen Baumarkt zu kaufen und auf meine eigenen Kosten zu installieren.

7. *Besitzt der Verkäufer Kenntnis von irgendwelchen Problemen mit den Elektroinstallationen?*

Mir sind keinerlei Probleme bei den Elektroinstallationen bewusst, aber ich kann mich erst morgen früh vergewissern, sobald wir genügend Tageslicht für eine gründliche Inaugenscheinnahme haben.

8. *Wir legen diesem Schreiben einen Fragebogen zu Einbaumöbeln, Installationen und Zubehör bei und wären dankbar, wenn Sie veranlassen könnten, dass die Verkäufer denselben ausfüllen, unterzeichnen und datieren sowie ihn uns unverzüglich wieder zukommen lassen.*

Das ist selbstverständlich. Ich bitte aber zu beachten, dass mein Großonkel Volney (siehe Abs. 14 und 19) ebenfalls auf dieser Liste aufgeführt werden sollte.

9. *Bitte bestätigen Sie freundlicherweise, dass jedes der folgenden auf dem Anwesen vorhandenen Objekte im Verkaufspreis enthalten ist und beim Abschluss auf dem Anwesen verbleiben wird:*

Lichtinstallationen einschließlich der Lampenfassungen.
Lampenschirme, Leuchter und Wandlampen.
Teppichböden.
Vorhänge, einschließlich der Gardinenleisten.
Wandschränke.
Regale.
Küchenzeile.

Für unabhängig initiierte Exkursionen seitens irgendeines im Haus verbleibenden Gegenstandes kann ich nicht verantwortlich gemacht werden. Gardinenleisten, um ein offensichtliches Beispiel zu wählen, sind, ähnlich wie Katzen, seit jeher bekannt für ihre Emotionalität, ihr unstetes Wesen und ihre Unternehmungslust. Einige haben bekanntlich schon Strecken von dreißig oder vierzig Meilen zurückgelegt, um nach ihren vorherigen Besitzern zu suchen.

10. *Ist der beabsichtigte Verkauf durch den Verkäufer von einem gleichzeitigen Neuerwerb seitens des Verkäufers abhängig? Wenn ja, in welcher Phase befindet sich diese Transaktion?*

In der Spätpubertät.

Handelt es sich bei dem beabsichtigten Neuerwerb um ein existierendes Objekt, oder befindet es sich im Bau?

Nein.

Falls es sich im Bau befindet, zu welchem Datum wird mit der Fertigstellung gerechnet?

Ja, selbstverständlich.

Ist die Finanzierung bewilligt, zumindest im Grundsatz?

Ja, aber nicht im Süden.

11. *Hat der Verkäufer konkrete Pläne hinsichtlich des Abschlusstermins?*

Ja, danke der Nachfrage, ich gedenke, den Abschluss mit einem Umtrunk mit meiner Frau im »The Miller's Armpit« zu feiern.

12. *Bitte bestätigen Sie uns freundlicherweise, dass dem Verkäufer bekannt ist, dass der Besitz beim Abschluss leer zu übergeben ist und dass kein Schrott oder unerwünschte Gegenstände auf dem Anwesen zurückgelassen werden sollten.*

Sie erbitten, dass kein Schrott zurückgelassen wird. Da unter Schrott gemeinhin Altmetall verstanden wird und es sich bei dem auf meinem Grundstück befindlichen Schiffswrack um eine *Koysha* singapurischen Ursprungs handelt, die bekanntlich aus Holz gefertigt ist, werde ich diese in der Einfahrt und deren unmittelbarer Umgebung, auf der Terrasse, im Wintergarten, auf dem Rasen, in der Küche und in Einzelteilen in der Diele zurücklassen.

13. *Bitte bestätigen Sie uns, dass der Verkäufer gerne bereit ist, etwaige Schäden am Objekt, die durch das Entfernen von Wandlampen, Regalen oder anderen Einrichtungen entstehen, vor dem Abschluss zu reparieren.*

Was für eine Frage! Selbstverständlich bin ich nur sehr ungern dazu bereit, all diese fummeligen Reparaturen durchzuführen. Um mich eines juristischen Fachausdrucks zu bedienen, es geht mir sogar gewaltig auf den Senkel.

14. *Die Verkäufer haben darauf hingewiesen, dass das Objekt von einer dritten Person bewohnt wird, aber sie haben keine Angaben zu deren Alter gemacht. Sollte er oder sie über sechzehn Jahre alt sein, bestätigen Sie bitte, dass diese Person den Vertrag wie üblich unterzeichnen wird.*

Betreffs des dritten Bewohners unseres Hauses habe ich das starke Empfinden, dass Sie und Ihre Mandanten in dieser Angelegenheit aus einer Mücke einen Elefanten machen. Großonkel Volney dürfte wohl kaum noch länger als fünf bis zehn Jahre leben und ist praktisch harmlos, solange man ihm kein rotes Fleisch füttert und er nachts sicher im Schrank unter der Treppe eingeschlossen wird. Onkel Volney möchte meine neue Frau und mich nicht bei unserem Umzug begleiten, und wir finden, dass man die Wünsche eines vollkommen zurechnungsfähigen neunzigjährigen Mannes respektieren sollte.

Noch ein diesbezüglicher Hinweis: Cremes, sanitäre Geräte und Gummihandschuhe sind unter dem Waschbecken im kleinsten Schlafzimmer gelagert.

15. *Wären die Verkäufer bereit, eine Anzahlung von 5 % des Kaufpreises zu akzeptieren, falls die finanziellen Umstände der Käufer dies notwendig machen sollten?*

Ich bin bereit, unbegrenzte Geldsummen von den Käufern zu akzeptieren, ungeachtet ihrer Umstände.

16. *Bitte bestätigen Sie, dass der Verkäufer über alle das Objekt betreffenden Auflagen umfassend informiert wurde, und bestätigen Sie, dass der Verkäufer sich keines Buches dieser Auflagen bewusst ist.*

Sie bitten um eine Bestätigung, dass ich über alle das Objekt betreffenden Auflagen umfassend informiert wurde und mir keines »Buches« bewusst bin. Hierzu teile ich Ihnen mit, dass ich mir einer beträchtlichen Anzahl von Büchern bewusst bin, die das Objekt insofern betreffen, als sie über Jahre hinweg in diversen Regalen im Haus gelagert wurden; in der überwiegenden Mehrzahl der Fälle jedoch nur in einer Auflage von jeweils einem Exemplar. Allerdings weiß ich von mehreren Buchhandlungen hier am Ort und in den umliegenden Ortschaften, und mir ist bekannt, dass in Eastbourne jährlich eine Buchmesse stattfindet, auf der Bücher jedweder Auflage gezeigt werden. Mir ist allerdings schleierhaft, inwiefern dies irgendwelche negativen Auswirkungen auf die Veräußerung meines Hauses haben sollte.

17. *Bitte bestätigen Sie, dass beim Abschluss die Käufer sämtliche Schlüssel erhalten werden, die erforderlich sind, um sämtliche Schlösser an Türen, Fenstern, Garagen, Außengebäuden usw., die zum Objekt gehören, zu bedienen.*

Es wäre doch sicher unweise und auf obskure Weise arrogant, wenn irgendjemand ernsthaft behaupten wollte, er habe im tiefsten Sinne den Schlüssel zu irgendetwas von wahrer Bedeutung in dieser tragischen, erschöpften Welt entdeckt. Ich jedenfalls kann das von mir nicht behaupten, und ich lehne es ab, bei Ihren Mandanten falsche Erwartungen zu wecken, indem ich so tue, als könnte ich es.

18. *In Beantwortung der Anfrage 6.1 (g) zum Informationsblatt TA11 über Zusätzliche Objektmerkmale haben die Verkäufer angegeben, dass 2008 ein neuer Heizkessel installiert wurde. Bitte bestätigen Sie, dass dem so ist, und fügen Sie einen schriftlichen Beleg bei. Eine Kopie der Versicherungspolice ist in dieser Hirnsicht nicht ausreichend.*

Ich muss mich wirklich gegen die Art und Weise verwahren, wie meine zweite Frau in der zweiten Zeile dieses Absatzes tituliert wird, sowie gegen die Andeutung, sie könnte in die Kategorie »Zusätzliche Objektmerkmale« eingeordnet werden. Des Weiteren erbitte ich nähere Auskunft, was genau Sie mit »Hirnsicht« meinen. Ich vermute irgendeinen neurologischen Zusammenhang, aber ich kann mich irren.

19. *Die Verkäufer scheinen anzudeuten, dass das Objekt mit irgendeiner Form von Alarmanlage gesichert ist. Würden Sie bitte veranlassen, dass die Verkäufer uns Einzelheiten über Namen und Adresse des Lieferanten zukommen lassen und über bestehende Wartungsverträge informieren.*

Leider wurde unsere Alarmanlage vor drei Monaten gestohlen. In letzter Zeit jedoch habe ich Onkel Volney nachts aus dem Schrank unter der Treppe gelassen und an einen Pfahl im Gebüsch neben der Eingangstür gekettet. Dies hat sich als mehr als ausreichende Abschreckung gegen Diebe erwiesen (wenn damit auch eine gewisse Zusatzbelastung für unsere hiesige Unfallzentrale verbunden war). Dies ist ein weiterer ausgezeichneter Grund für unsere Käufer, Onkel Volney als feste Einrichtung oder Installation zu übernehmen (siehe Antworten auf die Fragen 8 und 14).

20. *Es überrascht uns, feststellen zu müssen, dass wir keinen EPC hinsichtlich dieses Objekts erhalten haben. Ein EPC ist heutzutage obligatorisch für alle Objekte, die auf dem Markt angeboten werden.*

Es überrascht, beleidigt und verletzt mich, feststellen zu müssen, dass es Sie überrascht, feststellen zu müssen, dass Sie keinen EPC erhalten haben. Seien Sie versichert, dass ich Ihnen, sobald ich herausgefunden habe, was ein EPC ist, mehrere davon in verschiedenen Formen und Größen zusenden werde und dass sie von höchster Qualität sein werden. Meine EPCs werden nicht einfach nur EPCs sein, es werden H&M EPCs sein.

21. *Bitte nennen Sie uns das genaue Datum der Installation der Doppelverglasung am Objekt.*

Sie werden erfreut sein, zu hören, dass das kürzlich in unserem Haus stattgefundene Baseballturnier diese Anfrage überflüssig gemacht hat.

22. *Wie wir erfahren haben, gab es Probleme mit einer Absenkung unter dem Hinteranbau des Verkäufers. Bitte bestätigen Sie die Position in diesem Zusammenhang, und erläutern Sie die Situation im Hinblick auf die Durchführung von Gegenmaßnahmen.*

Ich betrachte Fragen bezüglich der Absenkung unter meinem Hinteranbau als im höchsten Maße persönlich und peinlich. Ich bin bereit, Ihnen einen medizinischen Bericht zu dieser Angelegenheit zukommen lassen. Eine nähere Untersuchung durch die Käufer oder ihre Beauftragten jedoch wird nicht möglich sein, es sei denn, es wäre auf Kosten der Käufer eine kräftige, geschulte Krankenschwester mit schnellem Reaktionsvermögen und einem adäquaten Gefäß zugegen.

6 DER ELEFANT IM ZIMMER

Komplizierte Biester

Okay, warum müssen wir metaphorische Elefanten aus unserer christlichen Welt verbannen, und wie schwierig wird das sein? Geduld, Geduld …

Wir, die wir in den Yorkshire Dales wohnen, sind natürlich mit einer überaus vielfältigen Tierwelt gesegnet. Allein in den letzten paar Minuten zum Beispiel konnte ich mühelos ein neurotisch kriechendes Eichhörnchen, zwei oder drei Kaninchen und den unbezwingbar durchgeknallten Hund aus dem Nachbarhaus beobachten, wie sie allesamt in unterschiedlicher Richtung über die Wiese vor meinem Arbeitszimmerfenster zogen. Das abrupte, rostige Gegacker eines davonschießenden Fasans unten am Gartentor wurde wahrscheinlich durch die Gegenwart jenes übermütigen Hundes ausgelöst. Unmittelbar unter meinem Fenster in unserem eigentümlich regelmäßigen kleinen Rechteck von einem Garten kommunizieren die kleineren Vögel mit einem eindrucksvollen Repertoire an zwitschernden Lauten miteinander, um der üblichen nervösen Verteidigung ihres Lebens und Territoriums Ausdruck zu geben.

Lauter verschiedene Geschöpfe also. Aber wo sind die Elefanten?

Leider, ihr lieben Kinder aller Altersstufen, spreche ich von metaphorischen Elefanten, also der Sorte mit den größten Ohren von allen, wie ihr sicher wisst, und die findet ihr nicht draußen. Ihr findet sie drinnen. Ihr werdet sie in Zimmern finden, aber immer nur einen auf einmal.

Nur ein kurzer Seufzer: Wir stecken uns regelmäßig mit diesen sprachlichen Viren an, und es ist wohl so, dass man sie einfach aushalten muss, bis sie sich totgelaufen haben. Manche scheinen allerdings unausrottbar zu sein. Ist es denn wirklich so, dass wir extreme Ausschläge auf der Skala des Erlebens nicht beschreiben können, ohne Berg- und Talbahnen zu erwähnen? Warum stehen Schlussfolgerungen, zu denen wir nach sorgfältiger Überlegung gelangen, immer nur »am Ende des Tages« zur Verfügung? Und was diese schauderhafte Mode angeht, Gänsefüßchen anzudeuten, indem wir in Kopfhöhe mit zwei Fingern jeder Hand wackeln – oh bitte, lassen Sie mich davon gar nicht erst anfangen.

Aber nun ja, vielleicht können wir ja etwas von den Elefanten lernen, bevor sie sich stampfend und donnernd aufmachen nach Metaphoria oder wo immer sie auch hergekommen sind.

Der »Elefant im Zimmer« bezieht sich, soweit ich den Ausdruck verstehe, auf eine ungemein bedeutsame Überlegung oder Frage, die sozusagen für alle Anwesenden sichtbar ist, aber von niemandem beim Namen genannt wird. Bei uns Christen kann es vorkommen, dass Gott selbst dieser raumfordernde Dickhäuter ist. Nicht bei formellen religiösen Anlässen. Bei solchen Gelegenheiten schmücken wir das Tier gerne mit allen möglichen feinen Gewändern, weisen uns gegenseitig mit ritualistischem Eifer darauf hin und sprechen es sogar an in jenem Ton sorgfältig symmetrischer Ehrerbietung und Leidenschaft, die es nach der festen Überzeugung der kollektiven Christenheit verdient.

In der unfrisierten Ungezwungenheit des täglichen Lebens dagegen ist es oft leichter und praktischer, sich stillschweigend darauf zu einigen, dass die Kreatur ebenso plötzlich und vollständig verschwunden ist wie einer jener riesigen Lastwagen oder eines jener Flugzeuge, die auf so geheimnisvolle Weise von amerikanischen Zauberkünstlern weggezaubert werden.

Natürlich ist sie nicht wirklich verschwunden, genauso wenig, wie David Copperfields riesige Requisiten aufgehört haben, zu existieren. Gerade dieser spezielle Elefant ist ärgerlicher- und bisweilen störenderweise stets gegenwärtig. Ja, Gott ist im Zimmer, ob wir ihn dort haben wollen oder nicht, und erhebt Anspruch darauf, an Entscheidungen und Schlussfolgerungen jeder erdenklichen Größe und Form beteiligt zu sein und sie zu beeinflussen. Göttliche Tyrannei findet einfach nicht statt, sodass die ewige Wahl immer da ist und wir nervösen Seelen sie immer treffen müssen. Sollen wir ihm bewusst zugestehen, einer von uns und alles von uns und der Herr von uns zu sein? Oder sollen wir uns benehmen wie Kinder, die sich mit den Händen die Augen zuhalten und hoffen, dass niemand sie sehen kann? Mit der Konsequenz, dass Gott dann keiner von uns und nicht einmal ein Teil von uns wäre und es kaum einen Sinn hätte, sich um ihn zu scheren.

Heutzutage tun Bridget und ich unser Bestes, um uns beständig bewusst zu machen, dass Gott immer im Zimmer ist, stets bereit, unsere schwächlichen Pläne zu unterstützen oder zunichtezumachen oder zu verändern, wie immer es ihm beliebt. Wird es uns gelingen, diesem Entschluss auf die Dauer treu zu bleiben? Wer weiß? Manchmal, meistens, kaum jemals, hin und wieder. Wir sind schwach und angreifbar, und der Wille Gottes wirkt nicht immer verlockend auf uns. Beten Sie für uns. Wir haben es nötig.

Ich sollte hinzufügen, dass für manche Christen der Elefant im Zimmer in der Tatsache besteht, dass kein Elefant im Zimmer ist. Aber das wäre vielleicht ein bisschen zu metaphysisch, und wenn man erst einmal so weit ist, sich mit metaphorischen Elefanten zu beschäftigen, die sich in metaphysischen Aktivitäten ergehen, ist es eindeutig Zeit, die Notbremse zu ziehen. Den Unrat wegzuschaufeln, den solche komplizierten Biester hinter sich zurücklassen, ist schrecklich mühsam. Belassen wir es dabei.

Elefantenstolz und die Aufgabe vor unseren Füßen

Das bewusste Meiden dieser Kreaturen kann oft eine Gruppenaktivität sein. An einer solchen war ich vor ein paar Jahren beteiligt.

Die Kirche steht ständig vor der Notwendigkeit, sich selbst mit Stumpf und Stiel aus irgendeiner Situation oder einem Ethos herauszuziehen, die mit der Zeit mehr Schaden anrichten, als sie nützen. Gewisse Aspekte der evangelikalen Gemeinden in Großbritannien (und vielleicht auch in Nordamerika) während der siebziger und achtziger Jahre bieten ein anschauliches Beispiel dafür. Die christliche Gemeinschaft war ein sehr kleiner Teich (inzwischen ist sie kaum noch mehr als eine flache Pfütze) und bot somit Leuten, die draußen in der rauen Wirklichkeit nie mehr als Stichlinge gewesen wären, die Möglichkeit, sich zu benehmen, als wären sie richtig große Fische. Was für Fische? Goldfische waren sie jedenfalls nicht. Postembryonale Rockmusiker, Autoren langweiliger, aber gewichtiger Bücher, Jongleure, die Sachen fallen ließen, Tänzer, die jeden Überrest von Sex aus ihren Darbietungen so gründlich ausmerzten, dass man meinen konnte, es wäre schon eine Sünde, überhaupt ein Geschlecht zu haben, sie alle schwadronierten über den christlichen Glauben, als wären sie von Gott selbst dazu beauftragt. Natürlich gab es bemerkenswerte Ausnahmen von dieser traurigen Regel, aber im Allgemeinen gab es ein unverwechselbares Repertoire an Verhaltensweisen und Einstellungen und billigen Belohnungen, das in diesem Fieber des leichten Erfolgs wohnte und gedieh.

Woher ich das alles so genau weiß? Das ist leicht zu beantworten. Ich war einer von ihnen. Und ich muss ehrlich sein. Ich glaube, die meisten von uns wussten insgeheim, was los war. Wie konnten wir so tun, als ob uns das regelmäßige Auftauchen dieses riesigen Elefanten der Selbsttäuschung und des Stolzes entging? Wir waren so entzückt über die sich uns bietenden Gelegenheiten, anzugeben und eine fadenscheinige Art von Ruhm zu erlangen, dass wir den ganzen eben geschilderten Quatsch mit einer Art gieriger Begeisterung schluckten. Ich glaube, ich geriet gerade noch rechtzeitig darüber in Panik. Ich begann die Fallstricke zu sehen, die es gab, und ich spürte, dass die wahren Belohnungen daher kommen würden, dass ich herausfand, was Gott tatsächlich von mir wollte, und mich darauf einließ. Von da an hielten sich Erfolg und Misserfolg bei mir wohl etwa die Waage, aber wenigstens war ich mir des Problems bewusst. Vielleicht gibt es noch weiter reichende Implikationen. Was meinen Sie?

Der Elefant, der ein Drittel der Welt einnimmt

Ich habe bereits gesagt, dass Bridget und ich uns bei Toybox engagieren, dem Hilfswerk für Straßenkinder. Das ist eine großartige Organisation, und sie dreht sich ganz und gar um Kinder – Kinder jeden Alters, die kein Dach über dem Kopf haben, niemanden, der sich um sie kümmert, und kaum Hoffnung, vor der verheerenden Not der Prostitution, der Bandenmitgliedschaft und unzähliger anderer Gräuel bewahrt zu bleiben, die sie wahrscheinlich überwältigen würden, gäbe es nicht die Hilfe von Projekten, die durch Hilfswerke wie Toybox finanziert und unterstützt werden.

Vor zwei Jahren waren die Nachrichten voll von Berichten über eine Gruppe von Männern, die Hunderte von Metern unter der Erde in einem chilenischen Bergwerk eingeschlossen waren. Gewaltige Ressourcen wurden aufgewendet, um eine Rettungsaktion zu planen und durchzuführen, und jeder einzelne Bergmann wurde sicher an die Oberfläche gebracht. Ich bin Gott zutiefst dankbar dafür, aber es bricht mir das Herz, wenn ich darüber nachdenke, dass es in ganz Mittel- und Südamerika Hunderttausende von Kindern gibt, die in der Dunkelheit von Armut und Obdachlosigkeit gefangen sind. Sie schreien jedem zu, der es hören will, dass auch sie verzweifelt der Rettung aus Umständen bedürfen, auf die sie keinerlei Einfluss haben.

Mir gehen Bilder von unseren Reisen in jenen Teil der Welt durch den Kopf. Ich erinnere mich an die neunjährige Bettina, die in der Dunkelheit von Salvador City auf einer kalten Steinbank saß, das Gesicht unter Bridgets Arm vergraben, und hoffte, diese Oase der Geborgenheit, die sie plötzlich entdeckt hatte, würde für immer bleiben. Natürlich tat sie das nicht. Wer weiß, wo Bettina jetzt ist oder wie es ihr geht?

Im Gegensatz zu jenen Bergleuten stehen Kinder wie sie nicht im Rampenlicht der Weltnachrichten, und die Ressourcen, die zu ihrer Unterstützung und Rettung zur Verfügung stehen, sind lächerlich gering. Organisationen wie Toybox existieren, um dieser

Situation abzuhelfen. Dies tun sie durch Partnerschaften mit Projekten, die darauf ausgerichtet sind, Prävention, Bereitstellung von Unterkünften und psychologische Unterstützung für Kinder zu leisten, die Mühe haben, in dieser rauen Welt zu überleben. Es mag sein, dass in dieser Welt Kinder wie die kleine Bettina nicht als wichtig genug angesehen werden, um in der nationalen Presse erwähnt zu werden, aber ich habe den Verdacht, dass im Himmel alles, was mit ihr und für sie geschieht, Schlagzeilen für die erste Seite liefert.

Viel mehr möchte ich nicht dazu sagen, nur, dass die Bedürfnisse vernachlässigter, von Armut gebeutelter Männer, Frauen und Kinder in aller Welt einen der beunruhigendsten, dicksten Elefanten im Zimmer der heutigen Kirche darstellen. Über manche Sünden, die innerhalb unserer Gemeinschaft deutlich zur Sprache gebracht werden müssen, haben Christen eine Menge zu sagen, manchmal, ohne dass dabei viel Liebe spürbar wird. Über die Sünde der Habgier dagegen bekommt man sehr viel weniger zu hören.

Wir müssen vorsichtig sein. Gerade dieser Elefant kann so groß werden, dass er überhaupt keinen Platz im Zimmer mehr übrig lässt.

Kleine, aber lästige Elefanten

Natürlich sind diese Elefanten in Größe und Bedeutung sehr unterschiedlich. Ich erinnere mich, wie ich als älterer Teenager einmal mit einer Gruppe Gleichaltriger aus meiner Gemeinde zu einem christlichen Vortrag ging. Wir alle nahmen uns damals ein bisschen zu ernst, was bedauerlich war, weil wir deswegen einen ganzen Abend damit vergeudeten, aufmerksam einem Redner zuzuhören, der entweder wirklich genial war und Dinge zu sagen hatte, die unser Begriffsvermögen weit überstiegen, oder sich einfach nur sehr gut auf verbale Nebelwerferei verstand. Keiner von uns kapierte auch nur ein Wort von dem, was er sagte, aber das gaben wir erst zu, nachdem wir gegangen waren. Dabei hatten wir alle im Halbdunkel in der letzten Reihe nahe der Tür gesessen und hätten jederzeit gehen können, ohne Aufsehen zu erregen. Hätte nur einer von uns den Mut gehabt, den anderen die furchtbare und offensichtliche Wahrheit zuzuflüstern, so wären wir alle zur nächsten Kneipe gerast wie eine Herde Antilopen auf der Flucht vor einem Löwen.

Oh, ich hätte diesen Elefanten umbringen können!

Natürlich weiß ich nicht mehr das Geringste von dem Vortrag, außer, dass er ungefähr drei Wochen lang dauerte. Aber wenn Sie das Erlebnis nachfühlen wollen, lassen Sie sich den folgenden Text von jemandem vorlesen, und stellen Sie sich vor, dass danach noch neunundvierzig weitere Punkte kommen. Wir sehen uns dann in der Kneipe.

Es ist eigentlich ganz einfach

Guten Abend. Die post-kantianische Negation teleologischer Sichtweisen ist, versteht sich, ebenso unvermeidlich wie der Untergang ontologischer Einstellungen; und moralische Autonomie als Funktion einer quasi-rationalen Autorität ist, auf den Menschen bezogen, ein konzeptioneller Truismus. Hinzu kommt, dass unser Bezugsrahmen für die Authentifizierung in Fragen extrinsisch angewandter Kodizes abhängig ist von prälegislativen Konzepten erwünschten allgemeinen oder konkreten Verhaltens. Angesichts der Ausschließung nichtrelevanter analoger Pseudokonzepte jedoch und eingedenk der Tatsache, dass jede rationale Ablehnung eines Arguments wegen seines letztlich rationalen Ursprungs auf der Basis einer fundamentalen Irrationalität kaum als rational zu bezeichnen ist, könnte es gute Gründe für eine vorsichtige Akzeptanz kollektiver Bewusstseinsschichten geben, die wir in Ermangelung einer kontemporären Terminologie Gott nennen könnten. Es ist eigentlich ganz einfach.

Fröhliche Weihnachten!

Wie reagieren Sie auf den Gedanken, dass ein »fröhliches Weihnachtsfest« für manche Leute ein Elefant im Zimmer ist? Meine Mutter, die in jeder anderen Hinsicht ein wunderbarer Mensch war, konnte einem fürchterlich auf die Nerven gehen, wenn das Fest der Liebe näher rückte. Dann zog sich über ihrem Kopf eine kleine, düster drohende Wolke zusammen und begleitete sie von Zimmer zu Zimmer wie ein deprimierter Sperrballon, wann immer sie uns zu Weihnachten besuchte. Eigentlich war das wohl verständlich. Ihre schwierige Ehe hatte bei vielen Familienfesten zu heftigen Zusammenstößen geführt, besonders bei diesem. Seither hatten die Dezemberfestlichkeiten für sie einen bitteren Beigeschmack.

Damit war und ist meine Mutter nicht allein. Für viele Menschen ist Weihnachten eine der schwierigsten Zeiten überhaupt. Für kürzlich verwitwete Frauen und Männer zum Beispiel kann diese Zeit des Jahres eine regelrechte Qual bedeuteten. Freunde von uns, die in dieser Lage waren, haben uns erklärt, dass sie einfach nur in Ruhe gelassen werden möchten an einem solchen Tag, an dem sie unter einer schier unerträglichen, schmerzhaften Einsamkeit leiden, egal, wie viele Leute sie um sich haben. Manchmal ist es das Einfachste, sich in eine Ecke zu setzen und nur darauf zu warten, dass alles vorbei ist.

Manche Leute, die zu Weihnachten immer in den Genuss herzlicher Geselligkeit gekommen sind (ein Glück für sie!), finden das alles sehr schwer zu begreifen. Eine gut funktionierende Familie ist ein wunderbarer Segen. Aber Leute, die sich in ihrer Kindheit durch das unwegsame Gestrüpp emotionaler oder körperlicher Verletzungen kämpfen mussten, lässt ihr Anblick manchmal mit den Zähnen knirschen, weil sie sich dadurch an sehr, sehr schlimme Dinge erinnert fühlen.

Meine Frau und ich vermissen meine Mutter schrecklich. Wir fänden es herrlich, sie bei uns zu haben, selbst mit ihrem Sperrballon. Aber wenn ich mich an die Wurzeln ihres Leides erinnere und an Freunde denke, denen es vor Weihnachten oder Neujahr oder irgendeinem anderen Fest graut, weil die Schatten der Vergangenheit ihnen keine Ruhe lassen, dann fühle ich mit ihnen. Es ist eine dunkle und einsame Welt, in der sie zu diesen Zeiten leben. Da ist kein Kampf zwischen ihren Welten und unseren, nur ein Bedürfnis nach einem freundlichen Winken, nach einfühlsamen Einladungen und nach einem gelegentlichen Besuch.

Und nun stelle ich Ihnen zur Erheiterung jemanden vor, der von *jedem* in seiner Familie die Nase gestrichen voll hat.

Weihnachten ist schön!

Weihnachten ist schön, Weihnachten ist gut,
weil jeder da was untern Weihnachtsbaum tut.
Die Verwandtschaft taucht auf, ich setz alles darauf,
mich zum Lächeln zu überwinden,
doch ich lache befreit erst, wenn es so weit
ist, dass sie wieder verschwinden.

Großonkel Walter ist ein fröhlicher Alter,
ganz unverklemmt und entspannt,
gleich nach dem Essen wird im Sofa gesessen
und gefurzt wie ein See-Elefant.
Sein Vetter Kort, der redet kein Wort
mit seiner Halbschwester Hanne,
weil ihn immer noch plagt, was sie einst gesagt
über ihn in der Badewanne.

Die Kinder mästen sich vor allen Gästen,
doch Manieren haben sie keine.
Die Tochter der Base schmiert sich Brei in die Nase,
alle spritzen mit Ketchup wie Schweine.
Klaus und Lüder, die Zwillingsbrüder,

sind Veganer und essen nur Kraut,
alles andre ist übel und führt zu Gekübel
in Stereo – unschön und laut.

Inga und Hagen sind immer am Klagen:
»Die Kartoffeln sind mehlig und fade,
die Soße zu blässlich, der Aspik zu wässrig,
und der Pudding schmeckt fast wie Pomade.
Knäckebrot knackt, wenn man es frisch backt,
doch dieses ist weich wie Biskuit,
die Knallbonbons knallen beim Runterfallen,
bei den Witzen lacht auch keiner mit.«

Philipp und Jana sind sauer auf Anna,
die fühlt sich geschnitten von Kalle,
Kalle ist voller Wut auf Großtante Ruth,
und Ruth verabscheut sie alle.
Gleich platzt mir der Kragen, doch plötzlich vertragen
sie sich und fallen ins Koma,
ich räume inzwischen den Kram von den Tischen
und mache den Abwasch mit Oma.

Weihnachten ist schön, Weihnachten ist gut,
weil jeder da was untern Weihnachtsbaum tut.
Die Verwandtschaft taucht auf, ich setz alles darauf,
mich zum Lächeln zu überwinden,
doch ich lache befreit erst, wenn es so weit
ist, dass sie wieder verschwinden.

Und ich wünschte, sie würden nächstes Jahr alle zu Helene
gehen, schließlich ist ihr Haus auch nicht kleiner als meins,
und ich sehe eigentlich nicht ein, warum sie nicht mal
an der Reihe ist, schließlich ist sie doch meine Schwester,
und da ist es doch wohl nur fair, wenn …

7 DIE BIBEL LEBENDIG WERDEN LASSEN

Die richtige Anwendung

Finden Sie es auch manchmal merkwürdig und frustrierend, dass diejenigen, die an die Kraft und Bedeutsamkeit der Bibel zu glauben behaupten, sich so häufig besondere Mühe zu geben scheinen, sie als so langweilig und unzugänglich wie möglich zu präsentieren? Ich tue das – ich finde es merkwürdig, meine ich. Es ist so verkorkst, dass man verrückt werden könnte, wie wesentliche Komponenten geistlicher Freiheit systematisch dazu missbraucht werden, um glatte und undurchdringliche Mauern zu errichten, Schranken, die möglichst wirkungsvoll die Welt aus- und die Kirche einsperren sollen. Was für eine Tragödie, dass in den Augen vieler die Bibel zu so etwas wie einem schwarzen, langweiligen Ziegelstein geworden ist, der dazu da ist, Gott von der »wirklichen« Welt zu trennen.

Ich sage, spielen Sie damit. Lesen Sie sie zum Vergnügen. Nehmen Sie sie auseinander. Hinterfragen Sie sie. Studieren Sie sie mit Verstand. Stellen Sie sie auf den Kopf, und betrachten Sie sie durch ein Stück gesprungenes Glas. Stecken Sie sie in einen blauen Umschlag. Stecken Sie sie in einen regenbogenfarbenen Umschlag. Nehmen Sie den Umschlag ab. Vor allem reagieren Sie ehrlich auf sie. Wenn Ihnen manche Worte Jesu unerklärlich oder unfair vorkommen oder es Ihnen schwerfällt, sie mit seiner übrigen Lehre in Einklang zu bringen, dann machen Sie Ihrer Ansicht Luft. Gott ist erwachsen genug, um damit klarzukommen, auch wenn das bei vielen Christen nicht der Fall ist.

Vielen von uns fällt es wirklich schwer, uns von der Vorstellung frei zu machen, im Reich Gottes hätte salbungsvolle Pseudo-Ehrfurcht wirklich einen Wert. Den hat sie nicht. Sie ist einfach nur lächerlich. Jesu Art war und ist es, bei ganz gewöhnlichen Menschen zu sein, und zwar da, wo sie leben, nicht in irgendeinem blutleeren, bedrückend starren Ethos, in dem eigentlich überhaupt nichts passiert, aber unentwegt feierlich genickt wird. Um solchen Unfug zu vermeiden, ist es ungeheuer wichtig, dass Sie die Bibel lebendig werden lassen. Seien Sie ehrerbietig gegenüber Gott, aber bitte machen Sie ihn nicht zum Narren.

Hier sind ein paar Dinge, die Sie ausprobieren können.

Werfen Sie einen Blick auf die Verse 5 bis 8 in Matthäus 6. Jesus spricht hier über das Beten. Lassen Sie sich diese Verse von jemandem in einem langweiligen Leierton vorlesen, und bitten Sie dann eine andere Person, sie so vorzulesen wie eine Mutter, die mit einem kleinen Kind redet, das sie sehr liebt. Sie können auch versuchen, das Gleichnis vom verlorenen Sohn wie ein Märchen zu lesen statt wie ein Lehrbeispiel. Genießen Sie es. Genießen Sie die Bibel.

Wenn Sie in einer Gruppe zusammen sind, verteilen Sie Zettel an alle, und bitten Sie sie, in ihren eigenen Gedanken zum Thema »Bibel« zu googeln. Mit anderen Worten, schreiben Sie ganz unfrisiert jede Kleinigkeit auf, jede Erinnerung, Erfahrung, Einstellung, Enttäuschung, Offenbarung, jedes Gerücht und alles andere, was Ihnen dazu einfällt. Tauschen Sie sich darüber aus, was Sie aufgeschrieben haben. Aber seien Sie vorsichtig. Es könnte damit enden, dass Sie von der Bibel fasziniert sind.

Lebendige Liebe?

Ich habe einmal meinen Patensohn ziemlich verwirrt und geärgert, indem ich ihm ein Weihnachtsgeschenk überreichte, das nicht mehr zu sein schien als eine Handvoll jener großen Schokoladentaler, die fest in glänzende Goldfolie gewickelt sind. Nachdem er sich halbherzig murmelnd bedankt hatte, reichte er eine der Münzen an seine Schwester weiter, wickelte eine zweite aus und begann daran zu knabbern. Plötzlich schrie seine Schwester überrascht auf. Im Innern ihrer Schokoladentalerhülle hatte sie einen eng zusammengefalteten Zwanzig-Pfund-Schein gefunden, das Weihnachtsgeschenk, das eigentlich für ihren Bruder bestimmt gewesen war. Abgesehen von der Schwierigkeit, ein kleines Mädchen zu überreden, den Zwanzigpfundschein wieder herauszurücken, der vermeintlich ihr gehörte, und ihn seinem rechtmäßigen Besitzer zu übergeben, war das eine ziemlich gute Idee. Nun ja, wenigstens fand ich das.

Mit manchen Bibelversen ist es genauso. Man geht leicht darüber hinweg, aber es lohnt sich sehr, sie auszupacken. Ich habe meine eigene kleine Liste dieser nützlichen Wortsammlungen, und einer meiner Lieblingsverse im alten Testament ist Hiob 29,24: »Wenn ich ihnen zulachte, so fassten sie Vertrauen.«

So steht es da, und der diese Worte spricht, ist der arme, mit Geschwüren übersäte Hiob, als er sich an die guten alten vorgeschwürigen Tage erinnert, in denen er einer der besten persönlichen Repräsentanten war, die Gott sich je hätte wünschen können. Es hört sich ganz so an, als ob die Leute alles begeistert aufnahmen, was er sagte und tat.

Im Gegensatz dazu haben heutzutage eine Menge Leute die Nase von den Christen ziemlich voll. Zum großen Teil ist das freilich unsere eigene Schuld. Es kann einem schon so vorkommen, als ob wir arrogante Dämlichkeit zu einer Kunstform erhoben hätten, und zwar aus irgendeinem seltsamen Grund besonders im Fernsehen. Ich verstecke mich immer jämmerlich hinter dem Sofa wie eine Katze mit Magenproblemen, wenn in einer dieser Publikumssendungen jemand sich ein strahlend kokettes Lächeln aufs Gesicht kleistert und seinen ersten Satz mit den Worten beginnt: »Als Nachfolger des Herrn Jesus Christus muss ich sagen, dass …«

Ich nehme an, dieses Lächeln soll Freude, Frieden und Liebe ausdrücken, aber in Wirklichkeit erfüllt es mich, einen wiedergeborenen Christen (gibt es noch eine andere Sorte?), mit einem verwirrenden Gefühlsdurcheinander aus Zorn, Scham und Frustration. Regelrecht übergeben habe ich mich zwar noch nicht dort hinten hinter meinem Sofa (schließlich kosten Teppiche Geld), aber ich war schon nahe daran.

Es ist ein Jammer, dieses auflackierte Lächeln. Denn mit das Fesselndste daran, ein stolpernder, strauchelnder Nachfolger Jesu zu sein, wie ich es bin, ist die Erkenntnis, dass dazu auch gehört, Leuten in Situationen, in denen sie am wenigsten damit rechnen, ein echtes Lächeln zu schenken. Das Lächeln ist natürlich nicht nur ein Gesichtsausdruck, obwohl auch ein solcher erstaunlich wirkungsvoll sein kann, wenn er echt ist. Es kann aber auch darin bestehen, dass man einem überlasteten Freund den Garten in Ordnung bringt. Es kann darin bestehen, dass man dafür sorgt, dass eine kleine Siedlung in den Slums von Bangladesch einen Brunnen bekommt und sauberes Wasser schöpfen kann. Es kann darin bestehen, dass man eine Stunde Zeit mit einem einsamen, älteren Menschen verbringt. Es kann ein anonymes Geschenk sein, eine unerwartete Vergebung oder ein vorübergehendes Außerachtlassen der Regeln, oder es kann eine freundliche Lüge gegenüber Ihrem Bruder sein, Sie wollten die letzte Wurst eigentlich gar nicht haben, und er könne sie gerne essen.

All diese Dinge und unzählige mehr kommen regelmäßig im Leben von Christen vor, die nicht nur von Jesus reden, sondern ihn in dieser Welt sichtbar und spürbar machen wollen. Ja, natürlich stimmt es, dass viele, viele Nichtchristen ebenfalls ständig solche Akte der Liebe vollbringen. Gibt es einen Unterschied? Ich vermute, der Unterschied könnte darin liegen, dass Hiob, dieser großzügige Bursche, dessen Worte in diesem Vers zitiert werden, und all die anderen, die sich auf den schwierigen, faszinierenden, verwirrenden, hoffnungsvollen Pfad des christlichen Lebens begeben haben, daran glauben, dass wir die Quelle aller Liebe gefunden haben, wie und wo immer sie sich auch zeigt.

Jesus gibt ein gutes Beispiel. Es gab noch keine Aprilscherze, als er als Mensch auf der Erde lebte, aber manchmal müssen sich die Leute am Kopf gekratzt haben. Er sagte manchmal Sachen, die sich so dumm anhörten, dass sie eigentlich nur kranke Witze oder hoffnungslos aufgeblasene Erwartungen sein konnten.

Beispiele gefällig? Wie wäre es damit, als er sagte, ein totes Mädchen sei gar nicht tot, sondern schlafe nur? Ganz mieser Witz. Total verantwortungslos, trauernden Eltern so etwas zu sagen. Unglaublich, oder?

Oder erinnern Sie sich an die Witwe von Nain? Sie war am Boden zerstört über den Tod ihres Sohnes. Er hatte großes Mitleid mit ihr. Schön, aber schauen Sie sich an, was er dann tatsächlich sagte.

»Weine nicht!«

Weine nicht? Eine grauenhafte Seelsorgemethode. Absoluter Quatsch. Weder witzig noch hilfreich.

Und was ist mit seiner ungeheuerlichen Behauptung, er habe »den Tod überwunden«? Also wirklich! Was für eine Enttäuschung, als das dann in der Katastrophe endete. Die Kreuzigung. Tot. Alles vorbei.

Alles völlig richtig. Nur: Die Tochter des Jairus wachte tatsächlich auf. Der Sohn der Witwe wurde tatsächlich wieder zum Leben erweckt. Und Jesus stand tatsächlich von den Toten auf und rettete uns dabei gleich mit.

Es geht um den Heiligen Geist, nicht wahr? Es geht darum, dass wir an eine Kraft glauben, die dafür sorgen kann, dass solche verrückten Dinge wirklich einen Sinn bekommen. Eine Kraft, die töricht klingende Versprechungen unversehens in herrliche Wirklichkeit verwandelt. Gottes Großzügigkeit steht eimerweise zur Verfügung für Menschen, die ihrer bedürfen. Worte sind gelegentlich nötig, und ein Lächeln von Herzen ist etwas Wunderbares, aber echte Liebe bietet eine Mahlzeit an, nicht nur ein Rezept. Die Bibel predigt Liebe, aber lassen Sie uns Gott bitten, uns genug Mut und Glauben zu schenken, dass wir uns persönlich und praktisch dahinterklemmen, sie auszuteilen. Verblüffen Sie Menschen, wie Hiob es tat, mit dem Lächeln Gottes.

Sitcom-Bibel

Ich weiß nicht, ob dieses nächste Stück Gott zum Lächeln bringen würde. Ich weiß nur, dass es keinen Zweifel daran lassen wird, wie alt ich bin. Viele Leute werden sich noch an Frank Spencer erinnern, jene außergewöhnliche Figur, die Michael Crawford für die ungemein erfolgreiche Comedyserie *Some mothers do have 'em* erschuf, aber jüngeren Leuten wird der Name wenig bedeuten. Frank war ein affektierter, tollpatschiger Versager, der sehr an seiner Frau Betty und seiner kleinen Tochter Jessica hing, aber in allen Bereichen seines Lebens immerzu scheiterte. Sein einzigartiger Sprachduktus ist bis zum Äußersten imitiert worden. Warum habe ich ihn für diesen Sketch wieder auferstehen lassen? Na schön, wenn ich ehrlich bin, weil es eine der Stimmen ist, die ich tatsächlich »nachmachen« kann, und zweitens, weil die Vorstellung Spencers in Verbindung mit Zacharias so wunderbar grotesk ist.

Frank Spencer interviewt als Zacharias, der Vater Johannes' des Täufers

I: Was ist passiert, Zacharias?

Z: Also, ich war im Tempel und hab mich um den ganzen Sakramentskram gekümmert. Und plötzlich kommt 'n Engel rein.

I: Sie meinen, er kam zur Tür herein?

Z: Nee – der hat sich manifestifiziert.

I: Oh.

Z: Und der war sauer auf mich.

I: Warum war er denn sauer auf Sie?

Z: Na, er hat mir erzählt, ich würd'n Kind kriegen. Und ich hab gesacht: »Geht nich.« Und dann er: »Wieso nich?« Und dann ich: »Weil ich'n Mann bin.« Daraufhin hat er mich dann so ganz komisch angeguckt. Ich muss schon sagen, ich fand seine Art sehr desperatierlich. Und dann hat er gesacht: »Nein, deine Frau

Elisabeth kriegt ein Kind, und der Name des Kindes wird mit J anfangen.«

I: Und wie hat das auf Sie gewirkt?

Z: Fand ich klasse. Ich dachte mir: Prima – wir nennen sie Jessica.

I: Jessica, die Täuferin ...

Z: Aber dann sagte er: »Nein, es wird ein Junge, und er heißt Johannes.« Und dann wurde er erst richtig sauer auf mich, dass es mir regelrecht die Sprache verschlagen hat.

I: Was hat er denn gemacht?

Z: Er hat mir die Sprache verschlagen. Ich würde *neun Monate lang* nicht sprechen können, sachte er! Ich war stumm! Ich war stumm! Ich war total stumm! Können Sie sich das vorstellen?

I: Äh, nein – und was haben Sie dann gemacht?

Z: Ich beschloss, nach Hause zu gehen und meiner Frau Elisabeth alles zu verkünden, was sich begeben hatte.

I: Aber Sie konnten doch nicht sprechen.

Z: Nee, aber zu Hause hatte ich ein paar Stapel mit Papyrusblättern. Ich hatte ganz viele Papyrusstapel, ganz, ganz viele, und ich nahm ein Blatt Papyrus von einem meiner Stapel.

I: Aaah ...

Z: Und ich schriftete einige Worte darauf.

I: Was waren denn die Worte, die Sie – äh – schrifteten?

Z: »Ich hätt' da gerne mal ein Problem, Betty ...«

Situationstragödie

EastEnders ist sicherlich keine Situationskomödie. Im Gegenteil, das britische Vorbild der *Lindenstraße* scheint eher so etwas wie eine erbarmungslos düstere Situationstragödie zu sein. Die meisten von uns würden in dem Sturm der Konflikte und Emotionen, der Woche für Woche durch das zähe Zwielicht am Albert Square tobt, keine zwei Tage überleben. Warum habe ich ausgerechnet Phil Mitchell, den raubeinigen Draufgänger aus *EastEnders,* für den folgenden Sketch ausgesucht? Nun, vielleicht, weil er etwas unverwechselbar Alttestamentliches an sich hat, finden Sie nicht?

Phil Mitchell aus *EastEnders* als Philippus, der Jünger, der dem Kämmerer begegnete

I: Was genau ist Ihnen passiert, Phil?

P: Also, ich war einen trinken …

I: Im *Queen Vic*, meinen Sie?

P: Nie gehört, nee, ich war im *The Dave* …

I: *The Dave?*

P: Ja doch, *The King Dave* – und da kommt plötzlich so 'n Engel zu mir und sagt, ich soll runter auf die Wüstenstraße Richtung Gazza gehen, und …

I: Gazza? Sie meinen Gaza.

P: Von mir aus. Jedenfalls kommt da plötzlich so 'ne Kalesche entlang …

I: Eine Kalesche?

P: Sagt man bei uns so auf Aramäisch. 'Ne Kalesche. 'Ne Chaise. 'Ne Luxuskarosse.

I: Ach so.

P: Und in der Kalesche drinne sitzt so ein Eytjopier.

I: Ein Eytjopier?

P: Du machst dich über mich lustig, was?

I: Nein! Nein, nein, nein. Also Sie haben diesen Eytjopier – ich meine Äthiopier getroffen?

P: Ja, einen Eytjopier. Das war so einer – äh – also so ein Oinuck.

I: Ein Oinuck?

P: Ja, der hatte keine – also, er hatte keine – dem hatten sie – er konnte nicht mehr – also, er hatte keinen, der ihm half, Jesaja zu lesen. Also hab ich ihm ein bisschen auf die Sprünge geholfen.

I: Und dann?

P: Na, dann hab ich ihn im Fluss getauft, is doch klar.

I: Also kommt er jetzt in den Himmel.

P: Na ja, eigentlich ist er schon im Himmel.

I: Wie meinen Sie das?

P: Gerade, als der Eytjopier unter Wasser ging, kam mein Bruder Grant da entlang, und – na ja, dem Grant fehlen halt ein paar Verse am Kapitel, weißt du? Der sprang rein und hielt dem Kerl zehn Minuten lang den Kopf unter Wasser.

I: Ojemine.

P: Ja, bei Grant weiß man nie. Weißt du, was ich meine? Und dann plötzlich saß ich, schwupp!, wieder im *King Dave*.

I: Sie müssen wohl vom Geist entrückt worden sein.

P: Nix da, ich war stocknüchtern. Mehr als 'ne Halbe hatte ich nicht intus.

I: Ich bedanke mich für – äh, danke, Phil.

Die Möglichkeiten in diesem Bereich sind natürlich endlos. Wären wir zum Beispiel auf der Suche nach jemandem, der den ungläubigen Thomas spielen könnte, wer wäre besser dafür geeignet als Hape Kerkeling in seinem berühmten Bäckerei-Sketch?

»Das glaub' ich gerade näääch ...«

Die seltsame Botschaft des Hebräerbriefs

Es gibt freilich auch Stellen in der Bibel, bei denen es uns gar nicht so lieb wäre, wenn sie lebendig würden. Eine davon könnte diese sein: Hebräer 13,11-14. Ist Ihnen diese Passage jemals aufgefallen? Mir nicht, bis meine Frau mich darauf hinwies. Dort steht Folgendes:

> Denn die Leiber der Tiere, deren Blut durch den Hohenpriester als Sündopfer in das Heilige getragen wird, werden außerhalb des Lagers verbrannt. Darum hat auch Jesus, damit

> er das Volk heilige durch sein eigenes Blut, gelitten draußen vor dem Tor. So lasst uns nun zu ihm hinausgehen aus dem Lager und seine Schmach tragen. Denn wir haben hier keine bleibende Stadt, sondern die zukünftige suchen wir.

In einer anderen Übersetzung heißt es am Ende des vorletzten Satzes dieser Passage, dass wir die »Verachtung mittragen« sollen, die ihn getroffen hat. Was könnte dieser Ausdruck bedeuten? Ich bin immer noch auf dem Weg dahin, zu verstehen, welches Geheimnis in diesem Aspekt der Nachfolge Jesu steckt. Aber ich glaube, es lohnt sich, konzentriert und unter Gebet sehr, sehr gründlich darüber nachzudenken. Innerhalb oder außerhalb der Stadt? Ehre oder Schmach? Lassen Sie sich das mal durch den Kopf gehen.

In der Zwischenzeit kann ich Ihnen zumindest dieses kurze Gedicht anbieten, das ich selbst hin und wieder lese, besonders dann, wenn mein Kopf sich aufbläst wie ein Ballon und sich anschickt, zu hoch über meinen Füßen zu schweben.

Seine Schmach tragen

Vater, hör unser Gebet,
und hilf, dass wir uns lösen
von Eitelkeit, Hochmut und Stolz,
denn all das ist vom Bösen.
Lass unsere Seelen widerspiegeln
des Retters Angesicht,
und gib, dass seine Schmach zu tragen
wir uns schämen nicht.

Authentische Identität

Lassen wir noch ein weiteres Stück der Bibel lebendig werden. In Markus 5 begegnen wir einem Menschen, der seiner Begegnung mit Jesus enorm viel zu verdanken hatte. Er konnte durch seine Heilung seine ursprüngliche und authentische Identität wiederentdecken. Was er von meiner Version halten würde, wage ich mir nicht vorzustellen.

Schweinemann

Guten Morgen, meine Damen und Herren. Ja, ich bin der berühmte Schweinemann, und ich bin ein Gerasener und ein Ex-Durchgeknallter. Es macht mir nichts aus, zuzugeben, dass ich früher durchgeknallt war. Ich wusste zwar gar nicht, dass ich durchgeknallt war, aber ich war es. Ich war total durchgeknallt.

»Wie durchgeknallt waren Sie denn?«, höre ich Sie in neugierigem, aber mitleidigem Tonfall fragen.

Nun ja, ich war so durchgeknallt wie eine Knalltüte voller Knallbonbons, prall gefüllt mit den knalligsten Knallerbsen in der Geschichte der Kultivierung des Knallerbsenstrauches. Ich war (*Pause*) ein bisschen durcheinander. Ich wohnte auf dem Friedhof zwischen den Gräbern (ich muss wohl durchgeknallt gewesen sein!), und ich hatte folgende drei Hobbys (*zählt sie an den Fingern ab*): Morgens schrie ich immer ein wenig herum – das lockte meistens ein paar Leute an. Nachmittags zerschnitt ich mir mit scharfen Steinen die Haut – mein Publikum lichtete sich ein wenig, wenn ich das machte (nun ja, ich war ja auch nackt und hatte wohl einen etwas irren Blick, um ehrlich zu sein). Und dann verbrachte ich in den meisten Fällen den Abend damit, wissen Sie, mich nicht in Ketten legen zu lassen.

Dann rief ich: (*mit dünner Stimme*) »Ne-e-ein, ihr legt mich nicht in Ketten!«

Ohne angeben zu wollen, ich war wirklich ziemlich wild.

Und wenn es dann Zeit zum Schlafengehen war, legte ich mich einfach auf eine Grabplatte und – Sie wissen schon – ruhte in Frieden. Keine Sorge, ich (*Pause*) schlief wie ein Toter, vielen Dank.

Dann tauchte irgendwann plötzlich dieser Typ auf und rief die ganzen Dämonen aus mir heraus. Ich meine, ich hatte ja keine Ahnung, dass es Dämonen waren, die mir den ganzen Ärger machten. Ich dachte, ich hätte bloß zu viele Knallerbsen gegessen. Oder zu viele Knallbonbons gelutscht oder so. Dabei wohnten zweitausend Dämonen *in mir drin*! Die haben weder Miete noch irgendwelche Gebühren bezahlt.

Nachdem er sie gerufen hatte, fingen diese ganzen Dämonen an, durch *meinen Mund* mit diesem Typen zu reden, und er antwortete ihnen. Ach, nehmt gar keine Notiz von mir, dachte ich, unterhaltet ihr euch nur in Ruhe. Fühlt euch wie zu Hause – na ja, zweitausend von denen taten das ja sowieso schon. Aber nicht mehr lange, denn der Typ sagte denen, sie könnten aus dieser (*schlägt sich auf die Brust*) Luxusbehausung umziehen in einen Haufen Schweine auf dem Hang. Ich habe zwar nicht gesehen, wie sie rauskamen, aber rausgekommen müssen sie sein, denn die ganzen Schweinchen schossen grunzend und grölend den Hang hinunter und stürzten sich in den See. Zweitausend Schweine auf einem riesigen Haufen auf dem Grunde des Sees und in jedem davon ein kleiner, ziemlich angepisster Dämon – so etwas bekommt man nicht alle Tage zu sehen, oder?

Ich fragte den Typen, wer er sei. Er sei der Sohn Gottes, meinte er. Und da haben die behauptet, *ich* wäre durchgeknallt! Aber ich mag ihn. Am liebsten wäre ich mit ihm gegangen, als er wieder ins Boot stieg, um dahin zurückzufahren, woher er gekommen war, aber er ließ mich nicht. Stattdessen schickte er mich los, damit ich den Leuten hier im Ort erzähle, was passiert ist. Und das tat ich dann. Gewehrt habe ich mich nicht mehr. Jeder hätte mich in Ketten legen können. Die meisten Leute, denen ich davon erzählte, staunten. Eben noch war ich nackt herumgelaufen und hatte nicht alle Riemen an der Sandale gehabt, und im nächsten Moment benehme ich mich wie ein langweiliger Spießer. Manche wollten mir die Geschichte mit den

Schweinen nicht glauben. Kann man ihnen nicht verdenken, oder? Mein Onkel Josh war der Schlimmste, wie immer. Wissen Sie, was der sagte?

»Was für eine Schweinerei – der ganze Schinken vergeudet! Du bist ja völlig durchgeknallt ...«

8 HEILIGE KÜHE

Was ist eine heilige Kuh?

Was ist eine heilige Kuh? Ich würde sagen, das ist ein Gegenstand, eine Verhaltensweise oder ein Gedanke von relativ geringem Wert (Entschuldigung, liebe Kühe), denen eine Bedeutung oder ein Wert zugemessen wird, die ihren tatsächlichen Wert weit übersteigen. Die Kirche ist voll davon. Komisch verstellte Stimmen, Sachen, die man mit den Armen macht, Sachen, die man mit den Beinen macht, Sachen, die man mit den Armen und Beinen nicht macht, Sachen, die man mit dem Gesicht macht, Gebäude, unzählige Stile und Formen zeremoniellen Glitzerkrams, Ansammlungen von Wörtern, schlichtsinnige Lieder, die aus irgendeinem Grund neununddreißig Mal gesungen werden müssen – Sie dürfen die Liste selbst fortsetzen. Wir haben hier nur Platz für ein paar davon, aber in Kriegen gibt es immer Verluste. Schießen wir ein paar ab.

Ein goldener Mittelweg?

Wie ist es mit dem Abendmahl? Ist es eine heilige Kuh? Nun, es kann zu einer werden. So ziemlich alles kann sich in eine heilige Kuh verwandeln, wenn der Kerngedanke der Sache herausgelöst und durch irgendeine mechanische Apparatur ersetzt wird, die niemals mehr sein kann als ein armseliger Ersatz für das Original. Im Großen und Ganzen liebe ich die Art und Weise, wie wir Anglikaner das Abendmahl feiern: die kleine Wanderung von unserer Kirchenbank nach vorn; das Aufstellen im Halbkreis, bei dem jeder nach unsicherem Durcheinander seine Position findet; die

Unschlüssigkeit, ob man dem Pfarrer in die Augen sehen soll oder nicht; die winzigen Portionen Brot und Wein, die den Wunsch nach mehr davon wecken, und die erstaunlichen Dinge, für die sie stehen; die Hand, die auf den Kopf der Kinder gelegt wird, wenn sie gesegnet werden oder für sie gebetet wird; die winzige Unsicherheit darüber, wie lange man verharren sollte, bevor man sich umdreht und zu seinem Sitzplatz zurückkehrt. Das alles liebe ich sehr, aber selbst dieses Ereignis kann hohl und sinnlos werden, wenn es sich aus einer Herzenssache in eine Gewohnheit verwandelt.

Manchmal, wenn ich sehe, wie die Kommunikanten im Gänsemarsch vom Altargeländer zurückkommen, die Köpfe feierlich gesenkt und die Hände vor sich verschränkt wie Fußballer, die einen Freistoß in der Nähe des Tores abwehren, dann frage ich mich, ob wir den ganzen Prozess nicht ein wenig zu sehr formalisiert und das Menschliche aus diesem Sakrament verbannt haben, das doch ein Austausch herzlicher Dankbarkeit und großzügiger Liebe sein sollte. Nach dem zu urteilen, was Paulus in 1. Korinther 11 sagt, hatten die Leute, an die er schreibt, es ziemlich übertrieben. Sie grapschten gierig nach dem Essen, bevor irgendein anderer etwas bekam, und betranken sich regelrecht mit dem Wein. Aber könnte es nicht vielleicht einen goldenen Mittelweg geben? Vielleicht wäre es an der Zeit, mit neuen Formen der Abendmahlsliturgie zu experimentieren, neuen Gottesdienstordnungen, in denen nicht nur die Ungezwungenheit des Friedensgrußes, den manche lieben und viele verabscheuen, einen Platz hat, sondern auch die herzliche Begegnung miteinander und mit Gott. Wie wird sich das manifestieren? Ich weiß es nicht genau, aber ich arbeite daran. Sagen Sie mir Bescheid, wenn Sie Ideen dazu haben.

In der Zwischenzeit gibt es natürlich noch andere Möglichkeiten, wie das Abendmahl formell und informell gefeiert werden kann, und ich glaube, ich habe schon an so ziemlich allen teilgenommen. Verzeihen Sie meine Respektlosigkeit, aber ich frage mich manchmal, was wohl passiert wäre, wenn Jesus das Sakrament auf eine Art und Weise eingesetzt hätte, die von dem grundlegenden anglikanischen Modell abweicht. Wie zum Beispiel in diesem wenig bekannten Auszug aus einem verschollenen Evangelium.

Setzt den Kessel auf

Desselbigengleichen nahm er nach dem Mahl das flache Holztablett mit Tragegriff und sechzehn runden Löchern mit je einem winzigen Glas, halb gefüllt mit rotem Traubensaft, und sprach: »Dies ist mein Blut, für euch vergossen, nehmt es und – nein, Moment mal, wartet, bis jeder eines hat – Barnabas, du hast dir zwei genommen, stell eines zurück, du weißt doch, es ist sowieso kein Alkohol darin. Andreas, welchen Teil von »wartet« hast du nicht verstanden? Petrus, nein, Mann, nimm dir dein Glas, wenn du alle anderen verteilt hast, und – nein, du kommst schon nicht zu kurz. Was? Na, weil du nicht ein Tablett in jeder Hand und gleichzeitig dein eigenes Glas tragen kannst, oder? Das kann keiner. Nein, ich auch nicht. Bloß, weil ich der Sohn Gottes bin ... Aber ich mache keine Zaubertricks, weißt du. Schmeiß einfach beide für einen Moment hin und – nein, nicht wirklich hinschmeißen! Ach du meine Güte! Das war eine Metapher mit dem Hinschmeißen! Du sollst sie abstellen. Nicht wirklich hinschmeißen. Das war eine *Metapher*. Jetzt müssen wir noch einmal ganz von vorne anfangen. Also, dies ist mein Traubensaft, für euch vergossen – nein ... Meine Güte, ich glaube, das hier sollte besser das vorletzte Abendmahl sein. So eine Art Generalprobe. Wir versuchen es morgen noch einmal. Vielleicht nehmen wir Tassen statt eines Tabletts. Setzt den Kessel auf, bevor wir anfangen. Wir nennen es diesmal die letzte Tasse Tee ...«

Gott nicht aus der Verantwortung entlassen

Kann Vermeidung von Fantasie eine heilige Kuh sein? Unglaublicherweise kann sie das. Ich werde manchmal darüber zur Rede gestellt, welche Rolle fiktives Erzählen in der christlichen Literatur spielen sollte. Wie kann etwas, was nicht wahr ist, für Christen von geistlichem Wert sein?

Sind wir denn wahnsinnig, dass wir so eine Frage überhaupt stellen? Bin ich noch wahnsinniger, weil ich mich bemühe, sie einer Antwort zu würdigen? Vermutlich, aber ich tue es trotzdem. Die anschaulichsten Lehren im Neuen Testament wurden in Form von fiktiven Erzählungen vorgetragen, von Gleichnissen, wie sie häufiger bezeichnet werden. Mir ist sehr bewusst, dass derjenige, der diese Meisterwerke der Kommunikation schuf und gestaltete, nur der Sohn Gottes war, aber wer weiß? Es könnte sich ja vielleicht trotzdem lohnen, darüber nachzudenken, ob wir seinem Beispiel nicht folgen wollen. Die Darstellung geistlicher Wahrheit braucht nicht langweilig zu sein, auch wenn die Mehrzahl moderner Predigten das vielleicht vermuten lässt. Jesus verwendete in seinen Geschichten Motive wie Raubüberfälle, Folter, Mord, gescheiterte Familienbeziehungen, Verlust, Verlassenheit und tränenreiche Entfremdung. Ich bezweifle, dass er seine Zuhörer jemals langweilte. Aber worauf war er aus? Was wollte er mit seinen Gleichnissen erreichen?

Abgesehen von allem anderen waren sie dazu da, ihr Publikum, das zeitlich und räumlich so weit weg von uns ist, zu unterhalten. Jüdische Theologen, mit denen ich mich darüber unterhalten habe, haben mir glaubwürdig versichert, dass die Leute damals sich über manche der hübschen kleinen Wendungen und Pointen Jesu vor Lachen auf dem Boden gewälzt haben müssen. Es nützt ja nichts, wenn man noch so würdevoll ist, solange es einem nicht gelingt, die Aufmerksamkeit seiner Leser zu fesseln – nicht wahr?

Zweitens gaben diese Geschichten wie jede gute Erzählung, sei sie weltlich oder geistlich, den Zuhörern die Möglichkeit, in einer unverfänglichen Situation in ihrem eigenen Tempo zu ihren eigenen Schlussfolgerungen zu gelangen. Wir könnten ein Gleichnis sogar definieren als eine Geschichte, die an die Haustür klopft, während die Wahrheit sich durch ein Seitenfenster hineinschleicht. Und der springende Punkt an diesem Bild ist, dass man sich im Allgemeinen völlig sicher fühlt, wenn man auf seiner eigenen Haustürschwelle steht. Konstruktive Erzählungen und Dramen geben uns die Freiheit und einen geschützten Raum, in denen wir neue und nützliche Denkweisen entdecken können.

Warum erheben manche Christen Einwände gegen fiktive Erzählungen? Ich vermute, weil sie ihnen Angst machen. Von einer Frau in Amerika bekam ich einmal einen Brief, in dem sie eine Passage in einem meiner Romane als »Lüsternheit weckenden Schund« bezeichnete. Der Kommentar schmeichelte mir. So etwas hätte ich mir nie zugetraut. Vor allem aber war ich verwirrt. In der fraglichen Szene ging es um einen kürzlich verwitweten Christen, der durch eine attraktive Frau, die spätabends zu ihm ins Zimmer kommt, in sexuelle Versuchung gerät. So verlockend ihm diese Aussicht erscheint, schafft er es doch irgendwie, der Versuchung zu widerstehen; hauptsächlich deshalb, weil er wirklich seinem himmlischen Vater gehorsam sein möchte. Ich vermute, dass meine amerikanische Kritikerin einfach den Gedanken nicht ertragen konnte, dass es im »wirklichen Leben« für all diejenigen, die ernsthaft Jesus nachfolgen wollen, Kämpfe und Fallstricke und drohende Gefahren geben könnte.

Lesen Sie gute Bücher, christliche ebenso wie andere. Machen Sie sich vertraut mit Beziehungen, mit Liebe und Verzweiflung und Ekstase und all den anderen Dingen, die zu dem gehören, was wir unter authentischem Menschsein verstehen. Die Wahrheit wird, wie jemand viel Weiseres als ich einmal sagte (und ich zu wiederholen nie überdrüssig werde, wie Ihnen vielleicht aufgefallen ist), euch frei machen.

Nach unserer Reise nach Sambia im Jahr 2004 schrieb ich einen fiktiven Monolog, den der Vater des verlorenen Sohnes vor den versammelten Mitgliedern seiner Hausgemeinschaft hält. Die Absicht ist, dass darin zugleich Gott, der Vater, zu seiner Gemeinde spricht. Inspiriert wurde dieser Text durch ein Gespräch mit einem Mädchen namens Chilufya, das wir kennenlernten, als sie ein Büro von World Vision besuchte. Chilufya war gekommen, um zu fragen, ob sie dort einen Job für sie hätten, der es ihr möglich machen würde, die Sexarbeit aufzugeben, mit der sie bisher sich und ihren Bruder hatte durchbringen müssen. Als ich Chilufya fragte, ob sie Christ sei, sagte sie, sie sei in der Kirche aufgewachsen, ginge aber nicht mehr hin.

»Wirst du denn jetzt wieder in die Kirche gehen?«, fragte ich.

Ihre Augen füllten sich mit Tränen.

»Nein«, antwortete sie. »Gott wird mich dort nicht haben wollen. Er weiß ja, was ich getan habe und was aus mir geworden ist.«

Es brach uns das Herz, als wir das hörten. Wer hat im Denken dieses Mädchens das Evangelium so auf den Kopf gestellt? Die Rede des Vaters des verlorenen Sohnes wurde als direkte Antwort auf dieses Gespräch geschrieben. Ich vermute, genau solche Texte sind es, mit denen manche Leute so große Schwierigkeiten haben. Ich lege Worte in den Mund einer Gestalt aus einer der Geschichten Jesu und füge damit der Heiligen Schrift etwas hinzu, wenn Sie so wollen. Ich hänge eine Fiktion an einer Wahrheit auf. Aber da bin ich völlig unbußfertig. Nichts liegt mir ferner, als zu behaupten, ich wüsste, was der Vater des verlorenen Sohnes gesagt hätte. Ich bin auch nicht so übergeschnappt, zu behaupten, ich hätte irgendwelche prophetischen Einsichten in dieses berühmte Gleichnis. Dennoch könnte diese fiktive Schilderung den Effekt haben, Köpfe und Herzen für die zentrale Wahrheit aufzuschließen, welche Absichten Gott für seine Anhänger in dieser Welt hat. Möglicherweise ermuntert sie sie sogar, zur Bibel zu greifen und herauszufinden, was genau dort tatsächlich steht. Lesen Sie den Text, und entscheiden Sie selbst. Übrigens ist die Rede des Vaters im Gegensatz zum Rest dieses Buches schon einmal erschienen, und zwar in *Licht im Herzen der Finsternis*[2], einem Buch, dass Bridget und ich nach unserer Reise nach Sambia geschrieben haben. Ich finde, sie braucht ein bisschen mehr Verbreitung. Und dazu fällt mir eine Geschichte ein …

Ich war mir unschlüssig, ob ich darüber reden sollte, aber es würde mir helfen, mir über meine eigenen Gedanken klar zu werden. Daher bitte ich Sie um Nachsicht, wenn ich es Ihnen erzähle.

Auf einer Abendveranstaltung von World Vision in Tonbridge las ich diesen Text zum ersten Mal öffentlich vor. Er schien recht gut anzukommen, aber nach dem Vortrag kam eine Frau auf mich zu.

»Was Sie da vorgelesen haben über den Vater des verlorenen Sohnes«, fing sie an, »das hörte sich ja ganz gut an, aber eigentlich haben Sie doch damit Gott aus der Verantwortung entlassen. Wenn ihm wirklich etwas an dem Mädchen läge, das Sie getroffen haben, dann hätte er sich um sie gekümmert und dafür gesorgt, dass es ihr gutgehe und sie nicht als Prostituierte arbeiten müsste. Warum sollte sie sich am Ende schuldig und verloren fühlen? Es war doch nicht ihre Schuld. Ich finde, Sie sollten solche Sachen nicht vorlesen.«

Ob zu Recht oder zu Unrecht, dieser Kommentar hat mich zutiefst betroffen gemacht. Mein ganzes Leben lang hat ein Teil von mir schon immer mit Zorn und Bestürzung reagiert, wenn ich an die scheinbare Vernachlässigung von Leuten denke, die Gott vertraut haben und trotzdem enttäuscht und verletzt wurden. Ich trudelte in einen vertrauten Dunstkreis der Verwirrung hinab und las den Monolog lange Zeit nicht wieder vor. Dass ich ihn heute recht oft vorlese, muss wohl ein Zeichen für mein verändertes Verständnis Gottes sein. Ich glaube, es liegt daran, dass ich angefangen habe, ein ganz neues Bewusstsein für das unglaublich kraftvolle und komplexe Werk zu entwickeln, das der Heilige Geist in unser Leben hineinlegt. Hinter den Kulissen, glaube ich, werden um unseretwillen Schlachten geführt, von denen wir uns keine Vorstellung machen, und ich wage zu sagen, dass das Vaterherz Gottes voller Schmerz ist, wann immer wir an der Reinheit und Stärke seiner Absichten zweifeln. Warum ist das alles so schwierig? Keine

Ahnung. Warum kann Gott nicht tun, was er will, wenn er doch allwissend und allmächtig ist? Keine Ahnung. Vertraue ich ihm trotzdem? Ja. Meistens. Zu einem hohen Prozentsatz. Gelegentlich nicht so sehr.

Gott selbst will gar nicht aus der Verantwortung entlassen werden, und was mich betrifft, so werde ich den Schöpfer weiterhin mit meinen peinlichen Fragen und meinen Tiraden traktieren, wenn meine Gefühle in diese Richtung gehen. Aber es trifft auch zu, dass ich bei ihm in seiner Wirklichkeit sein möchte, wie immer diese Wirklichkeit auch aussehen mag. Auf jeden Fall will ich ihn nicht verletzen.

Hier also ist der Vater des verlorenen Sohnes, der vor seinem Haushalt um ein bisschen Verständnis wirbt.

Der Vater des verlorenen Sohnes

Ich danke euch, dass ihr heute hergekommen seid.

Es kann euch nicht entgangen sein, dass mein jüngerer Sohn seit vielen Monaten nicht mehr in meinem Haus lebt. Er hat mich gebeten, ihm seinen Anteil an dem Erbe zu geben, das ihm eines Tages zufallen würde. Sein Wunsch war es, diesen Ort zu verlassen und anderswo ein neues Leben zu suchen. Dass er das tat, waren, wie ihr sicher verstehen werdet, weder mein Wille noch mein Wunsch. Der Schmerz der Trennung von ihm war fast mehr, als mein Herz ertragen konnte.

Hier ist ein Brief, der mir heute Morgen von einem Angehörigen meines Haushaltes überbracht wurde. Er enthält Einzelheiten über das Leben, das mein Sohn jetzt führt, über die finsteren und schrecklichen Dinge, mit denen er in dem fernen Land, in das er gereist ist, seine Zeit ausfüllt. Die Person, die mir den Brief überbracht hat, sprach mit Bitterkeit und Hohn über meinen Jungen, offensichtlich in der Erwartung, dass ich ihren verurteilenden Ton befürworten und sogar darin einstimmen würde.

Mein älterer Sohn macht sich schon über den Gedanken lustig, dass sein jüngerer Bruder mir noch irgendetwas bedeuten könnte. Seine Worte sind hart und unnachgiebig, voller Hass. Er scheint zu glauben, dass er mir mit solchen grausamen abfälligen Reden einen Gefallen tut. Vielleicht nimmt er an, dass die Verachtung und Wut in meinem eigenen Herzen zu tief sind, als dass ich sie in Worte fassen könnte.

Andere, freundlichere Seelen raten mir zu vergessen, dass ich je einen jüngeren Sohn hatte. Tu so, raten sie mir, als wäre er nie dein Sohn gewesen. Tu so, als wäre er tot. Dann wirst du Frieden finden.

Sie irren sich. Es gibt nur eines, was mir Frieden bringen wird. Nur eines, was mein gebrochenes Herz heilen kann. Und das ist die Heimkehr meines geliebten jüngsten Sohnes. Ich habe geweint, als er ging. Ich habe ihn um seiner selbst willen angefleht zu bleiben. Ich weiß nur zu gut, dass das Leben, das er an jenem Ort führt, eine Verleugnung all des Richtigen und Guten ist, das er einst auf meinen Knien sitzend lernte. Aber jetzt hört meine Worte. Ich liebe ihn. Ich liebe diesen Jungen bedingungslos. Ich sehne mich nach ihm. Ich halte ihn fest in meinem Herzen, während jeder Stunde jedes Tages. Wer wahrhaftig glaubt, es wäre nicht so, der kennt mich ganz sicher nicht. Meine Liebe zu ihm wird niemals sterben.

Aber ich kann ihn nicht zwingen, nach Hause zu kommen. Er ist da, wo er zu sein wünscht, und ich muss hier sein. Ich bin, was ich bin, und er ist, was er ist. Ich werde für immer mit dem Schmerz leben, ihn aus der Ferne zu lieben, wenn es das ist, was die Zukunft bringen wird. Aber ich sage euch eins: In dem Augenblick, in dem mein lieber Junge beschließt, sein Leben in der Finsternis hinter sich zu lassen und dorthin zurückzukommen, wohin er gehört, werde ich ihm entgegenrennen und ihn in meine Arme schließen, und ich werde ihn mit Geschenken überhäufen, und ich werde ein Fest veranstalten, wie man es in diesem Haus noch nie erlebt hat.

Und ihr, ihr alle, wagt es nicht, über meinen Sohn, der mir so am Herzen liegt, abfällig zu reden. Missachtet nicht die Hoffnung in meinem Herzen. Meine Hausgenossen, bitte stellt euch in dieser Sache zu mir. Wenn ihr mich liebt, dann liebt auch ihn. Wenn ihr mir das Beste wünscht, dann wünscht auch ihm das Allerbeste.

Und, meine Freunde, falls ihr ihm auf euren Reisen begegnen solltet, sagt ihm bitte, dass er einen Vater hat, der jeden Tag nach ihm Ausschau hält und nichts als Liebe und Freude für ihn bereithält, sollte er beschließen, nach Hause zu kommen. Ich danke euch, dass ihr mir zugehört habt.

Positiv negativ

Um auf den Punkt zurückzukommen, dass ich Gott nicht aus seiner Verantwortung entlassen will: Ich habe alles so gemeint, wie ich es gesagt habe, aber ich hoffe auch, dass ich im besten und konstruktivsten Sinne nie aufhören werde, genau das zu tun. Mir wird manchmal vorgeworfen, ich sei zu negativ. Bis zu einem gewissen Grad wird das wohl stimmen, aber diese Bemerkungen werden oft angestoßen durch meine Gewohnheit, Fragen zu stellen, wenn ich etwas nicht verstehe. Das kann ein Bibeltext sein oder eine Bemerkung in einer Versammlung. Es kann eine Reihe von Erfahrungen im Leben eines Menschen sein, die im Kontext dessen, was Sie in der Bibel über das liebevolle Wesen Gottes lesen, überhaupt keinen Sinn zu ergeben scheinen. Früher einmal war wohl ein Element absichtlichen Dummstellens in meiner störrischen Entschlossenheit, den Dingen auf den Grund zu gehen. Heute aber liegt es mir wirklich am Herzen. Ich hungere nach der Wahrheit, und ich bin besonders argwöhnisch gegenüber menschlichem Optimismus, der sich als Inspiration des Heiligen Geistes tarnt. Ich möchte Gott begegnen. Ich möchte ihn nicht organisieren. Und am wenigsten möchte ich ihn aus seiner verflixten Verantwortung entlassen, von der wir hier ständig reden. Ich vermute, er wäre ziemlich sauer, wenn ich das täte. Nein, mag sein, dass mein Glas nur dreiviertel voll ist, aber ich bin wild entschlossen, es nur mit dem echten Stoff aufzufüllen.

Aber es ist eine schwierige Gratwanderung, nicht wahr? Wie ich vor langer Zeit schon einmal irgendwo geschrieben habe, hätte ein Lobpreisalbum mit dem Titel *Das Leben ist kurz und beschissen* wohl kaum eine große Zukunft. Die Plattenverkäufe wären minimal und würden sich wahrscheinlich auf diejenigen beschränken, die tatsächlich Spaß daran haben, in der Verzweiflung zu versinken. Diejenigen von uns, die in den Uferwellen des riesigen Ozeans der Liebe Gottes herumgeplätschert haben, sind erpicht darauf, von unseren Erlebnissen zu erzählen, aber es hat überhaupt keinen Sinn, so zu reden, als wären wir mit einem Tauchboot elftausend Meter tief bis zum Boden des Marianengrabens vorgedrungen, wenn wir uns in Wirklichkeit gerade einmal die Füße nass gemacht haben.

Lesen Sie, was die Evangelien über die letzten drei Jahre des Lebens Jesu berichten. Das war kein leichter Weg. Unser Weg wird auch nicht leicht sein. Viel Licht, aber auch viel Dunkelheit. Manchmal ist Gott mitten in der Dunkelheit gegenwärtig, aber die Dunkelheit geht nicht immer weg, und es hilft niemandem, wenn wir behaupten, es wäre doch so. Seien Sie begeistert. Seien Sie voller Hoffnung. Aber sagen Sie auch die Wahrheit. Stellen und beantworten Sie die wichtigen Fragen so wahrheitsgemäß, wie Sie können. Welche positiven Dinge können Sie wahrheitsgemäß über Ihre Begegnungen mit Gott sagen? Was hoffen oder ersehnen Sie, mit Gott zu erleben? Wo ist es sicher, und wo ist es gefährlich in Bezug auf Dunkelheit und Licht? Ich habe übrigens keine konkrete Antwort auf diese letzte Frage, aber ich bin sicher, es lohnt sich, sie zu stellen.

Darf man Universitäten belügen?

Mit dem Folgenden könnte ich mir Ärger einhandeln. Ich möchte den Gedanken äußern, dass faktische Wahrheit so etwas wie eine heilige Kuh ist. Wie wir alle wissen, gibt es Momente, in denen Wahrheit und Freundlichkeit miteinander kollidieren. In solchen Momenten ist es manchmal besser, wenn diese beiden starken

Kräfte sich die Hände schütteln und gemeinsam einen Plan schmieden, anstatt die Köpfe zu senken wie zwei Kampfbullen und blind aufeinander loszustürmen.

Mit dieser Ansicht habe ich letztes Jahr einen Freund von mir in ziemliche Empörung versetzt. Ich erzählte ihm, dass ich gelegentlich zu Vorträgen vor christlichen Studentenorganisationen eingeladen werde. Weiter erklärte ich ihm, dass diese Organisationen mir meistens eine Liste von Lehraussagen zuschicken, die ich vor meinem Besuch unterschreiben und zurückschicken soll. Diese Statements enthalten unweigerlich auch die Aussage, die Bibel sei unfehlbar und irrtumslos.

»Ich lese die Dinger nicht einmal richtig durch«, fügte ich hinzu. »Ich unterschreibe das Blatt einfach und schicke es weg.«

Mein Freund runzelte die Stirn, als sein Schuldgefühls-Intensivtraining Wirkung zeigte.

»Heißt das, du unterschreibst etwas, woran du überhaupt nicht glaubst?«

»Na ja, irgendwie schon.«

»Dann lügst du doch eigentlich. Das finde ich aber bedenklich.«

Ich druckste unbehaglich herum.

»Na ja, ganz so ist es ja nun auch nicht …«

Er war nicht sehr beeindruckt, aber das ist ja gerade das Problem mit so vielen wichtigen Fragen, die sich aus dem ernsthaften Nachdenken über den christlichen Glauben ergeben. Sie sind niemals *ganz* so wie irgendetwas – Gott sei Dank. Und diese Sache mit der Unfehlbarkeit und Irrtumslosigkeit ist ein gutes Beispiel dafür. Ich bin ganz sicher, dass die Bibel uns in ihrer Gesamtheit von Gott gegeben wurde, damit wir durch sie belehrt und unterhalten und informiert und diszipliniert und inspiriert werden, aber ich weigere mich rundheraus, meinen Verstand abzuschalten, wenn ich in ihr blättere. Ich werde mich niemals zum Sklaven lächerlich schlichtsinniger Vorstellungen machen, die nur Probleme schaffen, wo eigentlich Lösungen sein sollten. Ich rede gern vor Studenten über Jesus, und davon werde ich mich nicht durch Unterschiede in den Definitionen abhalten lassen, schon gar nicht, wenn es nur um ein paar Federstriche auf einem Stück Papier geht. In diesem Zusammenhang werden Sie vielleicht 1. Korinther 9,15-27 sehr interessant finden.

Die Wahrheit ist ein Teil dessen, was uns als Nachfolger Jesu ausmacht, aber dasselbe gilt für die Freiheit, zu denken, zu fühlen, zu vergleichen, zu analysieren und merkwürdige und etwas beängstigende Seitenstraßen auszukundschaften. Stimmen Sie mir zu? Oder irre ich mich? Ist alles viel klarer und rechtwinkliger, als ich zu denken scheine? Es ist nützlich, über unsere Erfahrungen mit der Bibel ehrlich nachzudenken und zu reden. Wie funktioniert sie? Wozu ist sie gut? Und dann könnten wir uns fragen – wie fließend ist eigentlich der Wahrheitsbegriff? Hier ist noch eine gute Frage: Hat Jesus jemals etwas gesagt, was nicht der Wahrheit entsprach? Werfen Sie einen Blick auf Johannes 7,1-10 und Matthäus 11,11. Sie werden überrascht sein.

Versprechungen, Versprechungen

Wir Christen können einander vollkommen vertrauen, nicht wahr? Ist das so? Ich bin mir nicht sicher. Ja, schon die Andeutung scheint von einem sonoren Muh-Geräusch untermalt zu sein.

Die Wahrheit ist, dass Vertrauen eine sehr schwere Bürde sein kann, die man anderen zumutet oder selbst trägt. Das Wort ist wieder einmal ein Beispiel für jene breiigen Begriffe, die wir Christen so zuversichtlich gebrauchen und mit denen wir ständig so sehr zu kämpfen haben. Jesus scheint keine Zweifel bei diesem Thema gehabt zu haben. In Johannes 2 gibt es eine Passage, wo er, nachdem er gerade mit Zeichen und Wundern tiefen Eindruck bei den Menschen hinterlassen hat, offensichtlich nicht beabsichtigt, seinen Erfolg zu nutzen und aus ihrer Bewunderung Kapital zu schlagen oder ihren Appetit auf noch mehr spirituelle »Zauberei« zu stillen.

> Als er aber am Passafest in Jerusalem war, glaubten viele an seinen Namen, da sie die Zeichen sahen, die er tat. Aber Jesus vertraute sich ihnen nicht an; denn er kannte sie alle und bedurfte nicht, dass ihm jemand Zeugnis gab vom Menschen; denn er wusste, was im Menschen war.

Keine Ahnung von Marketing, dieser Sohn Gottes, nicht wahr? Ich schätze, er hat in der falschen Zeit gelebt. Max Clifford hätte ein Vermögen aus ihm herausschlagen können. Nein, Jesus wusste, wenn es um Vertrauen geht, sind unsere Herzen sehr begrenzt. Das wusste er teilweise durch seine Erfahrungen mit anderen Menschen (ich glaube kaum, dass es damals leichter war als heute, Rechnungen für Tischlerarbeiten einzutreiben). Teilweise wusste er es aber auch deshalb, weil er in jeder Hinsicht genauso versucht wurde wie wir und die Möglichkeiten des Verrats und des moralischen Scheiterns in sich selbst sehen konnte.

Diese Frage muss überall da, wo Menschen in Gemeinschaft zusammenleben, regelmäßig aufgeworfen und angesprochen werden. Für Bridget und mich, die wir zum ersten Mal in einer formellen Gemeinschaft leben, ist dabei zunehmend deutlich geworden, wie entscheidend es für unsere Arbeit ist, dass wir uns aufeinander verlassen können. Aber bis zu welchem Maße können wir uns einander zuversichtlich anvertrauen? Was können wir einander und Gott von ganzem Herzen versprechen? Ich komme darauf gleich noch einmal zurück.

Die Frage des Vertrauens im Familienleben ist ganz anders gelagert, zumindest nach meiner Erfahrung. Als unsere vier Kinder noch klein waren, schienen sie uns vollkommen zu vertrauen, und im Großen und Ganzen hielten wir die unausgesprochenen und ausgesprochenen Versprechungen ein, die wir ihnen als Eltern gaben. Doch als sie dann älter wurden, war es sehr schwierig und schmerzlich für mich, mit ihrer unvermeidlichen Entdeckung meiner vielen Unzulänglichkeiten umzugehen. Sie wussten, dass ich sie liebte, aber sie hatten auch gelernt, dass ich imstande war, sie im Stich zu lassen. Der positive Aspekt all dessen war und ist natürlich, dass wir heute ein mehr oder weniger authentisches Verhältnis zueinander haben. Die Wahrheit macht uns wirklich frei, auch wenn die Freiheit manchmal unbequem ist.

Trotz alledem hat meine Tochter, die jetzt vierundzwanzig ist, immer noch ein rührendes und gelegentlich erschreckendes Zutrauen zu meiner Fähigkeit, die Probleme zu lösen, die das Leben wahllos in ihre Richtung schleudert. Kürzlich sperrte sie sich aus ihrer Londoner Wohnung aus, nachdem sie, nur mit einem Morgenmantel bekleidet, den Müll hinausgebracht hatte. Als modernes Mädchen hätte Kate sich ohne ihr Handy genauso nackt gefühlt wie ohne ihren Morgenmantel. Zum Glück steckte es in ihrer Tasche. Ich war ungefähr hundert Meilen entfernt, als sie anrief, um zu fragen, was sie tun solle. Gemeinsam gelang es uns, einen Schlosser dorthin zu beordern. Er brauchte dreißig Sekunden, um eine Karte in den Spalt zwischen der Tür und dem Türrahmen hinuntergleiten zu lassen, die Tür aufzuschieben und ihr eine Rechnung über fünfundsiebzig Pfund auszustellen.

Ich weiß, ich kann nicht jedes Mal helfen, aber ich fände es schrecklich, wenn sie mich im Krisenfall nicht mehr anriefe …

Wie ist es nun allgemein mit der Frage des Vertrauens in unserem christlichen Leben? Was für Dinge können wir, realistisch gesehen, Gott und einander wirklich versprechen? Wie ich schon anderswo gesagt habe, haben wir hier in unserer eigenen Gemeinschaft den Gedanken aufgegeben, dass unsere Mitglieder in der Öffentlichkeit unmögliche Gelübde ablegen sollten. Stattdessen versprechen wir, unser Bestes zu tun, und das ist tatsächlich noch schwieriger, wenn wir es ernst nehmen.

Ich persönlich habe die Entdeckung gemacht, dass es zutiefst befreiend ist, den als geistliche Verantwortung getarnten menschlichen Ehrgeiz abzulegen. Gott hält seine Versprechen. Bei mir sieht die Bilanz eher durchwachsen aus. Das folgende Gedicht (oder Gebet) habe ich geschrieben, um eine zugleich demütigende und erfrischende Erkenntnis einzufangen.

Ich verspreche

Fremder Gott, Herr, Jesus, Erlöser, Freund
Was kann ich dir versprechen?
Nur eines ohne den Schatten eines Zweifels
Ich verspreche, ich werde dich im Stich lassen
Ich bin ganz sicher, irgendwo wird ein Hof sein
Wo ein Feuer brennt und Menschen sich versammelt haben
Und wo die Prüfung kommen wird
Und ich werde spüren, wie mein Magen sich vor Furcht zusammenkrampft
Ich weiß, was ich wahrscheinlich tun werde
Ich werde ausrasten und dich den Wölfen vorwerfen
Sie deinen Namen in Fetzen reißen lassen
Wahrscheinlich abhauen und mit einem Schock zu mir kommen
Mich an irgendeiner trostlosen Straßenecke wiederfinden
Ratlos herumlungernd unter einem Laternenpfahl im Regen
Und dann werde ich weinen, ich weiß, das werde ich
Und mir wünschen, ich könnte sterben
Und dein enttäuschtes Gesicht nie wieder sehen
Und dann natürlich, mein fremder, enger, beharrlicher Freund
Wirst du *dein* Versprechen halten, nicht wahr?
Mich zu lieben, mich zu lieben, mich zu lieben, mich zu lieben
Wie könntest du anders handeln?
Du bist so gemacht
Ich fürchte, ich habe noch nicht genügend Gnade empfangen, um zu lächeln
Wenn ich mit solch rückhaltloser Barmherzigkeit gestraft werde
Alles in allem habe ich weder die Weisheit noch die Kraft, manchmal auch nicht den Willen

Große Versprechungen zu machen über all das, was ich
tun werde
Vielleicht ist es besser, wenn ich einfach deine Hand nehme
und versuche, mein Bestes zu tun
Wie schwächlich das auch sein mag
Und die Kraft und das Versprechen dir zu überlassen

Das Spielchen mit der Führung

Über Führung wird ebenso viel Blödsinn geredet wie über jeden anderen problematischen Begriff in der christlichen Welt. Wir reden so (zumindest tun das viele von uns), als wäre unser Leben eine gleichmäßige Reihe göttlicher Wegweiser, aufgerichtet vom Heiligen Geist an den entscheidenden Stellen und Wegkreuzungen. Aber so ist es einfach nicht. Ich meine nicht, dass das nie vorkommt. Wenn Gott einem seiner Anhänger eine konkrete Führung geben möchte, dann tut er genau das, und das hat er immer so getan. Bei einigen ganz wenigen Gelegenheiten im Lauf meines Lebens war ich mir ziemlich sicher, dass ich an einen bestimmten Ort, zu einer bestimmten Person oder in eine bestimmte Situation geführt wurde.

In letzter Zeit haben meine Frau und ich diese Art von Zuversicht auf eine Weise erlebt wie noch nie zuvor. Unsere Entscheidung im Jahr 2009, aus dem Süden Englands nach Scargill House in Nord-Yorkshire zu ziehen, war eine außergewöhnliche Erfahrung. Im Jahr davor hatten wir den Eindruck, in unserem Leben an einer Wegscheide angekommen zu sein, und wir baten Gott, es uns deutlich zu machen, wenn er einen konkreten Plan für uns hatte. Wir beschlossen, für 2010 keine Einladungen zu Vorträgen anzunehmen, und dann warteten wir ab. Ein paar Wochen später erreichten uns die ersten Nachrichten über den »Tod« der christlichen Tagungsstätte in Scargill und die Möglichkeit einer Auferstehung. Von diesem Zeitpunkt an gab es weder Botschaften am

Himmel noch zweideutige Zufälle, sondern nur eine starke und absolute Gewissheit, dass Gott uns dort haben wollte. Im August 2009 zogen wir nach Scargill, und Anfang 2010 wurde das Zentrum wieder eröffnet.

Übrigens hält uns die Gewissheit über unseren Standort nicht davon ab, Mist zu bauen, aber wenigstens können wir sicher sein, dass wir am richtigen Ort Mist bauen. Wozu waren wir hierhergerufen worden? Der Platz reicht hier nicht aus, um über all das zu reden, was Gott getan hat, seit das Zentrum wieder eröffnet wurde. Aber das allgemeine Ethos dieses Ortes kommt in einem Gedicht, dass Bridget und ich zu Anfang unseres Aufenthaltes hier schrieben, recht gut zum Ausdruck. Es schildert, wie unsere Gäste eingeladen werden, eine heilsame Zeit in einer Welt zu verbringen, die ihnen Lachen und Liebe bietet und in der sie die Erlaubnis haben, sie selbst zu sein. Wir haben in Scargill nicht versucht, eine neue Welt zu erschaffen, sondern wir haben versucht, den bestmöglichen Rahmen für den Heiligen Geist zu schaffen, um sich darin auszubreiten und zu wirken.

Selig ist Scargill

Selig die verstreuten Scheunen, die düsteren Täler und
Schluchten,
die regengepeitschten Hügel und die endlosen Himmels-
fluchten.
Selig die träge grasenden, Grabsteinen gleichenden Schafe,
gezählt von den Hirten in wachen Stunden ebenso wie
im Schlafe.

Selig die Fledermäuse, die Schwalben und die Milane,
die Wiesel und Füchse, die Ratten und die Fasane.
Selig die Rebhühner, die Brachvögel und die geschwinden
Bussarde, die Blaumeisen und Maulwürfe, die blinden.

Selig sind die Kaninchen mit ihren
unermüdlich reproduktiven Manieren.
Selig die Bauern, die auf diese Häschen schwören
als Pastete oder auch mit Klößen, Erbsen und Möhren.

Selig sind unsere Nachbarn und unsere Kirchen und Pinten,
die Sänger und Grillenfänger, die Jäger mit ihren Flinten.
Selig die Busse, vor allem, wenn pünktlich sie fahren,
und selig der Tante-Emma-Laden mit all seinen nützlichen
Waren.

Selig die Mauern rund um des Gartens kleine Welt,
wo morgens Orange und abends der Purpur fällt
auf jene magische Zuflucht sanfter Abgeschiedenheit,
so heiter, verschwiegen und weit.

Selig das friedliche Haus, jeder Stein, jede Schindel auf
dem Dach,
alle Tassen und Schüsseln und Krüge, alles Besteck im
Küchenfach.
Selig ist der Altar an seiner heiligen Stätte,
das Schlafzimmer dreimal selig und viermal die Toilette.
Selig die Türen, die Flure, die Pflichten, die niemals enden,
die Leitungen, Rohre und Fenster, die Tapeten an den Wänden.
Selig die wackeren Lampen, die trüb die Kapelle beleuchten,
und die Maschine, die sinnlos sich müht, die Luft darin zu
entfeuchten.

Selig sind die Besucher,
die kleinen, die großen, die abgestumpften und die
einfühlsamen,
die traurigen, gebeutelten, die blinden, tauben und lahmen.
Selig die unsäglich unerträglichen Nervensägen,
bei denen wir uns die Haare raufen ihretwegen

und fluchend unser Kissen mit Fäusten traktieren mitten in der Nacht.
Selig das freundliche Licht, das zur Verantwortung willig macht.

Selig die Dicken, die Dünnen, die Geraden und die Gebeugten,
selig die Frühbucher und die mehr zur Spontaneität Geneigten.

Selig die Verirrten, die Herumkommandierten,
die Müden, Gefeuerten, Wirren und Bescheuerten, die Schikanierten, Enttäuschten, Traktierten.
Selig die Kinder in ihnen, geduckt, doch die Augen weit offen,
die gespannt auf eine Karussellfahrt mit Jesus hoffen.

Selig, die in dieser kleinen Welt des Arbeitens und Betens
gearbeitet, geliebt, gebaut,
selig die Zukunft, die sie uns anvertraut.
Selig sind die treuen Mitarbeiter,
die Tränen vergossen, weil sie dachten, es ginge in diesem zweiten Zuhause nicht mehr weiter,
doch dann entdeckten, es gab Raum für sie,
und sie liebten diesen Traum für sie zurück ins Leben.

Selig der Spielplatz, selig das Lachen, das nun bald
durch dieses Tal aufs Neue perlend widerhallt.

Selig all unsere Hoffnungen und Träume, die Pläne und Visionen,
selig die schwierigen Resolutionen.
Selig ist diese Gemeinschaft,
auferstanden, neugeboren, wiederhergestellt.
Selig sind die Yorkshire Dales.
Selig ist der Herr der Welt.

Gesunder Menschenverstand und Heiliger Geist?

Wie steht es mit Jesus und Führung? Nun, zuerst einmal hat er keinen Mist gebaut, wie Bridget und ich es regelmäßig tun, aber es scheint so zu sein, dass er in seinem irdischen Wirken immer nur das wusste, was er wissen musste. Die Bibel sagt uns, dass es Momente gab, in denen er schockiert, frustriert, erstaunt und erzürnt war. Das sind nicht die Emotionen eines Menschen, der alles weiß, auch wenn er ebenso wahrer Gott wie wahrer Mensch war. Natürlich wusste er sehr oft ganz genau, was geschah und was geschehen würde, besonders, wenn er, wie die Bibel es ausdrückt, voll Heiligen Geistes war.

Wie ist das bei uns? Vielleicht erwarten wir zu wenig und zu viel. Ich halte es für irrational, zu erwarten, dass ein christliches Leben, das mit dem dünnen Faden des Zufalls zusammengeflickt ist, viel an echter Führung aufweisen wird. Aber jeder von uns kann vom Heiligen Geist erfüllt werden, und das ist es wahrscheinlich, worum wir beten sollten. Letzten Endes aber ist es Gott, der entscheidet, wann wir konkrete Führung brauchen, und es liegt an ihm, sie uns zu solchen Zeitpunkten zur Verfügung zu stellen. In der Zwischenzeit müssen wir unsere Arbeit tun. Bleiben Sie im Gebet nah bei Gott, treffen Sie gute, vernünftige Entscheidungen, und bitten Sie darum, dass der Heilige Geist Sie aufhalten möge, wenn Sie einen falschen Abzweig nehmen. Packen Sie es an. Übernehmen Sie Verantwortung. Es gibt zu viele Leute, die gar nichts tun, nur weil das göttliche Orakel nicht gesprochen hat.

Es gibt gute, nützliche Fragen, die man zu diesem Thema stellen könnte. Was für Erfahrungen habe ich mit Führung gemacht, wenn überhaupt? War es die Stimme Gottes oder meine eigene, oder habe ich vielleicht gestern Abend vor dem Schlafengehen nur zu viel Käse gegessen? Will ich überhaupt Führung erleben, wenn ich bedenke, dass die Bestimmung, die Gott mir offenbart, darin bestehen könnte, dass ich im Ritz Gin Tonic trinke oder im Elend unter Menschen lebe, die mich brauchen, oder so ziemlich in allem, was dazwischen liegt? Soll ich darum beten, mit dem Heiligen Geist erfüllt zu werden? Was bedeutet das für mich? Seien Sie vorsichtig. Denken Sie an den Ratschlag, den ich immer wieder gebe – man kann Gott nie über den Weg trauen.

Führung, die heilige Kuh, die manchen in die Fallgrube führt

Da wir gerade bei diesem Thema sind: Vor ein paar Jahren schrieb mir ein junger Mann von seinen Sorgen bezüglich Gott und seiner Führung. Er schien vor lauter Furcht und Ungewissheit im Zusammenhang mit dieser Frage fast wie gelähmt zu sein. Ich vermute, das Problem entstand dadurch, dass auf dem Planeten, auf dem die meisten Christen lebten, die er kannte, Führung wie eine Art göttliches Navigationsgerät für jedermann verfügbar war. Man wusste immer genau, wo man hinsollte und was man als Nächstes tun sollte, weil die Stimme des Heiligen Geistes einem ständig die ideale Route beschrieb, fast so wie ein Beifahrer bei einer Rallye. Aber auf Sams Planeten war das nicht so. Zum Glück kannte ich mich auf Sams Planeten recht gut aus. Ich wohne selbst dort. Hier ist der Antwortbrief, den ich ihm schickte. Es wäre gut, wenn ein paar von den Leuten auf jenem anderen Planeten ihn mit einem ihrer fortschrittlichen Kommunikationssysteme auffangen könnten.

Lieber Sam,
danke für deinen interessanten Brief. Falls du durchgeknallt bist, bist du jedenfalls genau auf meine Art durchgeknallt. Ich weiß genau, was du damit meinst, wenn du sagst, dass du dich manchmal in einen geradezu neurotischen Zustand hineinsteigern kannst, wenn es um die Frage geht, ob du dich im Willen Gottes befindest oder nicht. Bei mir war es früher fast genauso schlimm. Inzwischen scheine ich mich ein wenig eingekriegt zu haben. Ich glaube, ein wichtiger Durchbruch war die Erkenntnis, dass es reichlich

klare Führung in der Bibel gibt, ohne dass ich mich völlig fertigmachen muss bezüglich all der Dinge, die nicht darin stehen. Damit meine ich, dass ich eigentlich gar keine konkrete Führung brauche, um zu wissen, dass ich nicht im Supermarkt klauen sollte oder dass ich nett zu meinen Kindern sein sollte, dass ich mich bemühen sollte, denen zu vergeben, die mich verletzen oder ärgern, dass ich Ehebruch meiden sollte, und noch etliche andere Dinge, die wir dem entnehmen können, was das Neue Testament lehrt. Du erwähnst die Tatsache, dass du und deine zauberhafte und leidgeprüfte Verlobte Probleme mit eurem körperlichen Verlangen habt. Es wäre sehr beunruhigend, wenn das nicht der Fall wäre, aber so schwer es auch ist, ihr wisst offenbar ganz genau, was in dieser Hinsicht ratsam und weniger ratsam ist. Es gibt also keine Unklarheit bezüglich der Führung, soweit es solche Dinge betrifft.

Das ist der eine Punkt.

Der zweite Punkt betrifft den Apostel Paulus. Dieser außergewöhnliche Mann sagt uns, dass er ohne Unterlass betete und das ernsthafte Verlangen hatte, mitten im Willen Gottes zu leben. Du erinnerst dich vielleicht, dass er und seine Reisegenossen versuchten, an einen Ort namens Bithynien zu gelangen, aber vom Heiligen Geist daran gehindert wurden. Paulus hatte eine gute, vernünftige Entscheidung getroffen, dorthin zu gehen, und es war kein wütender Blitzschlag vom Himmel, der ihn aufhielt, sondern eine praktische, hilfreiche Anweisung vom Heiligen Geist.

Jesus ging offensichtlich so vor, dass er sich an das hielt, was er wissen musste, wenn es um Führung ging. Die Bibel sagt, dass es Momente gab, in denen Jesus selbst genötigt war, eine andere Richtung einzuschlagen als die vollkommen vernünftige, die er zuerst gewählt hatte. Der Punkt ist folgender. Meistens wird es nicht so sein, dass wir von Gott eine direkte, konkrete Anweisung erhalten. Solange wir ihm im Gebet nahe bleiben und die Dinge tun, die wir verstanden haben, können wir einfach unser Leben führen und zuversichtlich intelligente, liebevolle Entscheidungen treffen, im Wissen, dass er es uns deutlich machen wird, wenn er will, dass wir aufhören, unsere Richtung ändern oder dahin zurückkehren, wo wir hergekommen sind. Und das bringt uns zu meinem dritten Punkt.

Soweit ich sehen kann, haben weder Jesus noch Paulus je etwas getan oder ihre Pläne geändert, weil sie das Gefühl hatten, der Herr könnte möglicherweise sagen, dass es vielleicht dran sein könnte, dieses oder jenes zu tun. Das ist moderner Gemeindejargon, und ich halte es für Quatsch. Warum zum Geier sollte Gott unausgegorene kleine Halbgedanken verteilen wie absichtliche Fangfragen in einem Examen, um Probleme zu lösen, die den betroffenen Leuten doch so wichtig sind? Das würde er nie tun, und er tut es auch nicht. Nein, pack es an und denk daran, dass die Initiative der Führung von Gott ausgeht, nicht von dir. Es ist besser, eine Sache ohne besondere Führung treu durchzuziehen, als sich von irgendwelchen geistigen und emotionalen Nebelschwaden ablenken zu lassen, die keinerlei geistliche Authentizität haben. Ich weiß, es gibt Leute, die so reden, als wären sie es gewohnt, jeden Morgen beim Kaffee mit Gott den Tagesplan genauestens durchzusprechen, aber bei den meisten von uns ist das nicht der Fall.

Aslan wird sich von Zeit zu Zeit blicken lassen, sei es als Silhouette vor dem Himmel auf einem fernen Berghang oder gleich hinter deiner rechten Schulter, wenn du am wenigsten mit ihm rechnest, oder plötzlich leise neben dir hergehend, wenn du Angst hattest, du wärst allein. Schätze diese Momente und bewahre sie in deinem Herzen auf, aber fang nicht an, Löwen zu sehen, wo keine sind.

Mit den besten Wünschen, Adrian

Gott wurde Mensch – keine Schwatzdrossel

Eine heilige Kuh, die meiner Meinung nach wirklich einmal geschlachtet werden müsste (schon gut – das ist eine Metapher!), ist die Vorstellung, es gehöre sich irgendwie nicht, sich einer normalen menschlichen Sprache zu bedienen, wenn man über Glaubensfragen spricht. Darauf komme ich in diesem Buch immer wieder zurück, weil es einfach so ungemein wichtig ist. Gott wurde Mensch. Er wurde nicht zu einer Ansammlung merkwürdiger und unverständlicher Verhaltensweisen. Hier sind zwei ganz normale Leute, die sich über den Glauben unterhalten. Sowohl »A« als auch »B« sind Christen. »A« hat sich erst kürzlich bekehrt. Sie könnten in jedem Alter sein, von Mitte zwanzig aufwärts. Sie verstehen sich sehr gut und haben einen ähnlichen Sinn für Humor. »A« will es wirklich wissen, und »B« ist fest entschlossen, die Wahrheit zu sagen und dabei schamlos normal zu bleiben.

Was ist der Heilige Geist?

A: Das ist wirklich nett von dir. Ich bin dir sehr dankbar.

B: Ach was, ich helfe gern, wenn ich kann. Als ich Christ wurde, bin ich nie richtig dazu gekommen, all die Fragen zu stellen, die mir durch den Kopf gingen. Ich wünschte, ich hätte es getan.

A: Warum hast du es denn nicht getan?

B: (*seufzt*) Keine Ahnung, ich war eben jung. Es kam mir wohl so vor, als wüssten alle anderen über alles Bescheid und ich würde dastehen wie ein Depp, wenn ich dauernd sagte: »Was hat es damit auf sich? Das verstehe ich nicht – müssen wir uns denn benehmen wie Außerirdische vom Planeten Zog? – Wenn alles, was Gott geschaffen hat, gut ist, wer ist dann verantwortlich für Benny Hinns Haare?« Sorry, das war jetzt sehr albern.

A: Ach, keine Sorge, ich stehe auf albern.

B: (*mit Begeisterung*) Gut! Bleib dabei, was immer du tust. Du wirst es nötig haben, das kann ich dir versprechen. Nein, es gab eine Menge Dinge, die mir zu schaffen machten. Ich bin richtig neidisch darauf, dass du schon ein bisschen älter warst, als du Christ wurdest. Du stellst einfach deine Fragen. Das ist super! Ich habe nur Angst, dass ich vielleicht keine guten Antworten habe. (*Vorsichtig*)

Und? Ist dir die Sache mit der Dreieinigkeit nach unserer letzten Unterhaltung ein bisschen klarer geworden?

A: Ich glaube schon. Na ja, jedenfalls weiß ich, was sie nicht ist. Sie ist keiner von diesen Hoover-Klopfsaugern, die gleichzeitig kehren, klopfen und saugen. Stimmt's?

B: Stimmt. Es ist nicht eine Person, die drei Dinge tut –

A: Sondern es ist eine Person, die zugleich drei verschiedene Leute ist.

B: Klar wie Kloßbrühe?

A: Jawohl! Und wenn im Christentum etwas klar wie Kloßbrühe ist, dann nennen wir es ein »Mysterium« und gehen rasch zur Tagesordnung über. Habe ich das richtig verstanden?

B: Brillant! Bis nächsten Mittwoch bist du garantiert Papst geworden. Also, wie weit waren wir gekommen?

A: Nun, nach dem letzten Mal glaube ich, das mit dem »Vater« habe ich kapiert. Mein Vater war wunderbar, und –

B: Ha! Wollen wir tauschen?

A: – und Gott ist noch wunderbarer, also ist alles gut. Tut mir leid, das von deinem Vater zu hören. Und Jesus ist der Grund, warum ich dabei bin. Er hat mir aufgelauert. Ich freue mich darauf, ihn besser kennenzulernen. Aber über den Heiligen Geist haben wir noch gar nicht gesprochen. Was ist der Heilige Geist?

B: *Wer* ist der Heilige Geist?

A: Entschuldigung – *wer* ist der Heilige Geist?

B: Nun, der Heilige Geist ist derjenige, der tatsächlich bei uns ist und hier auf der Erde den ganzen – den ganzen Kram für Gott erledigt. Jesus sagte seinen Jüngern, er müsse zurück in den Himmel, damit der Heilige Geist kommen und in uns leben könne. Der Heilige Geist ist dieses, aber gleichzeitig ist er auch *nicht* Jesus. Verstehst du, was ich meine?

A: Nein. Verstehst du, was du meinst?

B: (*überlegt*) Äh, nein.

A: Komisch. Weiß denn überhaupt jemand, was das bedeutet?

B: (*feierlich ernst*) Nein. Es ist ein Mysterium.

A: (*Pause*) Okay. Dann mal weiter. Was sagt die Bibel denn sonst noch über den Heiligen Geist?

B: Oh, alles Mögliche. (*Ihm fällt plötzlich etwas ein*) Im Brief des Paulus an die Epheser zum Beispiel –

A: Ist das der, der gleich vor dem gynäkologischen Brief kommt?

B: Was?

A: Dem gynäkologischen Brief, dem Brief des Paulus an die Eile-iter.

B: (*hält mit gespielt vorwurfsvoller Miene einen Moment inne*) Im Brief des Paulus an die Epheser zum Beispiel steht etwas davon, dass wir voll Geistes werden sollen, statt uns zu betrinken.

A: Das ist interessant. Fühlt sich wohl etwa genauso an, was?

B: Nun, eigentlich ja, ein bisschen schon (*als er merkt, was er damit impliziert*) – stelle ich mir vor.

A: Also ist Gott gegen Alkohol, ja?

B: Ich wüsste nicht, wie das der Fall sein könnte. Schließlich ist er verantwortlich dafür, dass jeden Sonntagmorgen Hunderttausende von Menschen in der Kirche Schlange stehen, um Wein zu trinken. Und Jesus hat einmal bei einer Hochzeit, wo den Leuten der Wein ausgegangen war, Hunderte von Litern Wasser in Wein verwandelt. Das war sein erstes Wunder. Manchen Christen passt das allerdings gar nicht.

A: Ich weiß, ein paar von denen habe ich schon kennengelernt. Hätte beinahe ein für alle Mal die Lust verloren. Die scheinen der Meinung zu sein, er hätte das Wasser lieber in Himbeerbrause verwandeln sollen oder noch besser gleich von Anfang an den Wein in Wasser. Dann wäre denen der Wein ausgegangen, bevor irgendjemand auch nur einen Schluck bekommen hätte. Was denken sich solche Leute eigentlich?

A & B: (*Pause*) Dann mal weiter …

B: Ich sage dir noch etwas. Wann immer Leute mit dem Heiligen Geist erfüllt werden, passieren erstaunliche Dinge.

A: Mit dem Heiligen Geist erfüllt?

B: Ja.

A: (*langsam*) Erfüllt – mit einer Person?

B: Nun, ja. Die Bibel redet viel davon, dass Jesus mit dem Heiligen Geist erfüllt war, und jedes Mal, wenn das passierte, passierten alle möglichen Wunder, oder es wurde etwas sehr Wichtiges gesagt. Manchmal gibt der Heilige Geist einem Worte ein, wenn man nicht weiß, was man sagen soll.

A: (*schüttelt in stiller Verwirrung den Kopf*) Jetzt sag mir doch mal – nicht, was irgendjemand sonst sagt, nicht, was die Bibel sagt –: Wie ist dieser Heilige Geist für dich?

B: (*überlegt einen Augenblick, dann nachdenklich, fast verträumt*) Er ist freundlich. Und weise. Manchmal schockierend. Einfallsreich. (*Pause*) Das Beste ist, dass er immer einen Weg findet, wenn – wenn man fast die Hoffnung verloren hat ... (*vergräbt das Gesicht in den Händen*)

A: (*legt B still die Hand auf die Schulter*) Danke.

Fortpflanzungswunder?

Sex ist keine heilige Kuh. Eine heilige Kuh ist aber die Annahme, wir hätten es eigentlich nicht nötig, die Fragen und Probleme, die Christen in diesem Bereich zu schaffen machen, ans Licht zu bringen oder unter die Lupe zu nehmen.

Manchmal frage ich aus Spaß meine christlichen Zuhörer, ob irgendjemand von ihnen sich für Sex interessiert. Dann heben sich vielleicht ein oder zwei Hände; meist sind es Frauen. Was sind doch all die übrigen für kleine Flunkerer! Man müsste es Außenstehenden eigentlich nachsehen, wenn sie sich fragen, wie Christen es überhaupt schaffen, Babys zu bekommen. Irgendeine Form von sexueller Begegnung ist ja wohl nötig, damit das geschieht. Aber vielleicht weiß ich bloß nichts von den Tausenden von Fortpflanzungswundern, die sich Tag für Tag im evangelikalen Universum ereignen.

Ich schätze, das Problem besteht, wie meistens, wenn wir Christen an solche Fragen herangehen, darin, dass wir das Thema

Sex viel zu ernst und zugleich nicht ernst genug nehmen. Damit will ich keineswegs andeuten, dass eine Serie schmutziger Witze in dieser Situation hilfreich wäre. Aber ich weiß aus Erfahrung, dass Leute oft Befreiung und eine entspanntere Perspektive finden, wenn ein bisschen Humor und Ehrlichkeit in die Gleichung eingebracht werden. Es kann schon eine riesige Beruhigung sein, einfach nur zu wissen, dass die meisten von uns im selben undichten Boot sitzen. Das ist besonders hilfreich für diejenigen unter uns, die in kleinen Gefängniszellen der Angst eingesperrt sind, wir wären die Einzigen, die unter der turbulenten Leidenschaft sexueller Verwirrung oder Versuchung leiden. Ich weiß noch, wie ich einmal in einem Bibelkreis die Bemerkung machte, ich hätte selten etwas Erotischeres gesehen als eine Fernsehaufzeichnung aus den Sechzigern, in der Jacqueline du Pré das Cellokonzert von Elgar spielt. Man hätte die Atmosphäre nach dieser Bemerkung mit einem Eispickel zerhacken können.

Wenn wir es lernen, etwas entspannter über diesen Bereich unseres Lebens zu sprechen, wird es dadurch hoffentlich leichter für uns, die äußerst ernsten Aspekte sexuellen Fehlverhaltens in Angriff zu nehmen. Gott hasst Unzucht, und glauben Sie mir, davon gibt es eine Menge in der Kirche. Den Leuten muss geholfen werden. Das betrifft diejenigen, die in Versuchung sind, die Opfer der Ausschweifungen anderer und die Kirche selbst, die durch moralisches Versagen in irgendeinem Teil ihres Leibes unweigerlich in Mitleidenschaft gezogen wird. Gott ist sehr nett, bis er aufhört, sehr nett zu sein. Denken Sie weiter. Es gibt sehr wichtige Fragen, die gestellt werden müssen. Haben die Leute Angst davor, über Sex zu reden? Wenn ja, warum? Glauben Sie, dass Jesus sexuelle Versuchungen verspürt hat, und wie ist er Ihrer Meinung nach damit umgegangen? Woran, glauben Sie, liegt es, dass Menschen, auch Christen, gelegentlich fast alles Gute in ihrem Leben über Bord werfen, um sich in eine ehebrecherische Beziehung zu stürzen? Geht es dabei nur um den Sex, oder steckt etwas Komplexeres dahinter?

Der Ärger mit dem Anstand

Wo wir gerade von Sex reden, lassen Sie uns über »Anstand« nachdenken. Ist das auch eine von unseren christlichen heiligen Kühen? Ich glaube, in seiner bleichen, verwässerten, harmlosen Form ist er das. Sterile Moralität ist so etwas von langweilig.

Wenn man nur deshalb anständig ist, weil man irgendwie ganz allgemein das Gefühl hat, es gehöre sich, anständig zu sein – dann ist das nicht besonders anständig, oder? Wozu die Mühe? Ich habe sehr gründlich über diese Frage nachgedacht, viele, viele Minuten lang, habe sozusagen in meinem eigenen Gehirn zu diesem Stichwort gegoogelt. Übrigens, das sollten Sie auch einmal versuchen. Gelegentlich findet man das eine oder andere Goldkörnchen in der Schlacke. Jedenfalls ist mir Folgendes dazu eingefallen:

Es ist heutzutage in Mode, sich über Fernsehsendungen lustig zu machen, in denen offensichtlich minderbemittelte Leute, gelockt durch das Versprechen auf schicke Hotelzimmer und reichliche Spesen, dazu gebracht werden, auf eine Bühne vor ein Studiopublikum zu treten. Dort werden sie dann wegen moralischer Verwerflichkeiten, die sie sich haben zuschulden kommen lassen, öffentlich zur Rede gestellt und wütend angebrüllt, sollten sie die Frechheit besitzen, ihr Tun zu verteidigen oder gar offen zu bekennen. Ein häufig zu hörender Witz bezeichnet unsere weniger erholungsfördernden Küstenstädte als »Viehgehege für die *Jeremy Kyle Show*«.

Eine verbreitete Ansicht über diese heutzutage besonders verbreitete Neigung zu Sendungen, in denen ganz normale Leute völlig aus der Fassung gebracht werden, ist, dass es sich bei ihren Opfern um schrecklich oberflächliche und oft moralisch verachtenswerte Menschen handele. Zu meinem Bedauern muss ich zugeben, dass ich diese Ansicht in der Vergangenheit aus Trägheit geteilt habe. Das bereue ich. Ganz im Ernst. Seit kurzem wird mir allmählich klar, dass nicht ihre Oberflächlichkeit das Problem ist: Es ist die Vergeudung. Die eigentliche Tragödie ist, dass Menschen, die die faszinierenden Tiefen ihres eigenen menschlichen Potenzials erkunden könnten, stattdessen an der Oberfläche des Erlebens herumschlendern, um dann hinabzutrudeln und sich trübsinnig damit abzufinden, dass Grau die wahre und gleichförmige Farbe aller Dinge sei.

Vielleicht fängt es damit an, dass man die trügerischen und destruktiven Auswirkungen der Sofortbefriedigung nicht begreift. Manche der relativ jungen Leute, die in solchen Sendungen auftreten, sind bereits Väter oder Mütter von zwei, drei oder in einem Fall sogar vier Kindern, jedes davon mit einem anderen Partner. Viele der explosiven öffentlichen emotionalen Blutbäder, die die Programmmacher so lieben, drehen sich um die Frage, ob Ehemänner, Ehefrauen, Freunde oder Freundinnen ihre Partner betrogen haben. Unfassbarerweise werden sogar Lügendetektortests angewendet, um das Vertrauen in den Beziehungen wiederherzustellen. Das entbehrt nicht einer gewissen Ironie, finden Sie nicht auch?

Es ist, als ob man sich den Sexualakt gönnt, wie man sich ein paar Stücke Sahnetorte gönnen würde. Und bitte lassen Sie uns nicht heucheln. Viele Menschen, auch Christen, die ihr eigenes Verhalten für vernünftig und diszipliniert halten, kennen diesen Impuls nur zu gut, wenn auch vielleicht nicht seine Befriedigung. Und ich spreche dabei nicht nur von Sahnetorten.

Tatsache ist jedoch, dass der hemmungslose Verzehr weicher Süßwaren und wahllose sexuelle Promiskuität eines gemeinsam haben. Beide mögen ein Gefühl sofortiger Befriedigung verschaffen, aber sie streiten auch wider die Entwicklung jener Fitness – der körperlichen im einen Fall, der moralischen und emotionalen im anderen –, die es uns letzten Endes erlaubt, unser Menschsein im vollen Sinne auszuleben.

Ich kann schon fast hören, wie manche Leser diese Aussage als das typische missgünstige Wüten eines Mannes einstufen, der ein Alter erreicht hat, in dem der übermäßige Genuss von fast allem körperliche oder moralische Verdauungsschwierigkeiten nach sich zieht. Aber es ist wirklich viel mehr als das. Jesus kam, um uns fit zu machen, ja, uns manchmal einen heilsamen Schock zu versetzen mit der reichen Vielfalt und dem Potenzial der Genüsse, die in uns als Menschen bereits angelegt sind.

Und natürlich geht es nicht nur um Sahnetorten und Sex. Ich kenne einen Mann, der jahrelang im Gefängnis gesessen hat. Sein Leben war von scheinbar unausrottbaren, schrecklich destruktiven Neigungen zu Gewalt und Aggressivität beherrscht. Er schrie nach Gott und stellte zu seinem grenzenlosen Erstaunen fest, dass in ihm die Mechanismen der Güte und Barmherzigkeit schlummerten. Diese Dinge machte er sich zu eigen, und sein Leben veränderte sich.

Dann war da eine junge Frau, die als Kind und Jugendliche nur Ablehnung und Bitterkeit erfahren hatte. Eines Morgens wurde sie mit dem Heiligen Geist erfüllt (was genau sie damit meint, müssen Sie sie schon selbst fragen), und es war so, als würde etwas Dunkles, Grauenhaftes aus ihrem Organismus hinausgespült.

Sicherlich sind in diesen beiden Fällen nicht alle Probleme vollkommen verschwunden, aber sie wurden von diesem Moment an in einem Kontext von Hoffnung und Optimismus in Angriff genommen.

Ich muss zugeben, dass der Prozess der Veränderung in meinem Fall ausgesprochen lange zu dauern scheint. Es gibt Zeiten, in denen ich sehr niedergeschlagen bin, aber ich kann (und will) das Bewusstsein eines hellen, geheimnisvollen Horizonts, der mich mehr lockt und anzieht als die verführerischen Banalitäten, die uns in unserer Zeit umgeben, nicht verleugnen.

Und letzten Endes ist das der Grund, warum es eine gute Idee ist, anständig zu sein, wenn wir es wirklich so nennen wollen. Wir sind definitiv nicht zu einer sterilen Moralität berufen, sondern zu einem unbeschreiblichen, vielschichtigen Glück, das in der Hingabe an den Willen Gottes wurzelt. Und genau so waren wir Menschen von Anfang an gedacht.

Als die Israeliten durch die Wüste wanderten, gab Gott ihnen ein komplexes Kompendium an Vorschriften, nach denen sie leben sollten, nicht weil er Vorschriften gern hat, sondern weil er genau wusste, was nötig war, damit sie in der Wüste überleben konnten. Im Neuen Testament bekommen wir geistliche Lehren und Richtlinien, die nicht dazu da sind, uns zu unterdrücken oder einzuengen, sondern uns den Weg zu der überraschenden Freude echter Authentizität zu weisen.

Und das, da werden Sie mir sicher zustimmen, ist gut.

9 DIE INNENWELT MIT DER AUSSENWELT VEREINEN

Nun müssen wir über unseren persönlichen Kampf der Welten sprechen. Wie können wir es gefahrlos ermöglichen, dass unsere Innenwelt sanft mit unserer Außenwelt zusammenstößt?

Dieser Kampf um Authentizität in der Kirche hat begonnen – zumindest hoffe ich das. Was meine ich damit? Ich dachte mir, dass Sie mich das fragen. Ich glaube, was ich meine, ist, dass die kollektive Stimme der Kirche sich in ihren Verkündigungen und Fanfarenrufen so makellos durchgestylt positiv anhört, dass der normale Christ, der mit den Ecken und Kanten des Alltagslebens kämpft, davon eher entmutigt wird als alles andere. Ich habe mich während der letzten Jahre bis zur Ermüdung darüber ausgelassen, dass es zwei Wahrheiten gibt, die wir den Menschen weitergeben sollten.

Die eine ist die Wahrheit über uns. Das ist die ausgefranste, ungewisse Wahrheit über unser Leben, das zwischen Glauben und Zweifel hin- und herschwingt, zwischen Überschwang und Verzweiflung, zwischen Klarheit und Umnachtung, zwischen Gehorsam und bewusster Sünde. Manche von uns kommen besser klar als andere, aber alle scheitern daran, es auch nur zur Hälfte richtig hinzukriegen, geschweige denn, sich zu der Herrlichkeit aufzuschwingen, die sie bei Gott haben sollten.

Die zweite Wahrheit ist die über Gott. Gott ist der Vater, den wir niemals hatten, oder auch wie der Vater, den wir hatten, nur viel besser. Er ist die Quelle und der Sinn aller Liebe. Er liebt uns und will das Allerbeste für uns. Deshalb sandte er seinen Sohn Jesus, damit wir schließlich zu ihm nach Hause kommen können. Die Art und Weise, wie er in dieser Welt wirkt, ist voller Rätsel und Merkwürdigkeiten, was immer die Leute darüber sagen. Aber wir können lernen, ihm den wichtigsten Teil von uns selbst anzuvertrauen, den Teil, der für immer bei ihm leben wird.

Es ist gefährlich, eine dieser Wahrheiten zu unterschlagen, wenn wir wirklich das Evangelium von Jesus Christus weitergeben wollen. Gott ist nicht auf der Suche nach wunderbaren Christen. Er weiß es besser. Wie wir bereits gesehen haben, sind es gehorsame Versager, die er braucht. Das Buch Maleachi spricht davon, wie sehr es Gott missfällt, wenn wir ihm unwürdige Opfer darbringen, aber es gibt ein unvollkommenes Opfer, das er gerne annimmt. Uns selbst. Was immer wir sind. Genau so, wie wir sind. Sofort einsatzbereit.

Das könnte sich anhören wie eine gute und eine schlechte Nachricht zugleich. Nun, das ist es auch, und es ist alles andere als einfach, es auszuleben. Wo genau können wir in Bezug auf unser Leben wirklich ehrlich sein? Wie empfinden wir das, wenn das öffentliche und private Gesicht unseres Christseins sich Auge in Auge gegenüberstehen? Und ist mein unvollkommenes Ich wirklich qualifiziert für den Dienst im Reich Gottes? Und noch etwas: Wie könnte eine Gemeinde auf mehr persönliche Authentizität für ihre Mitglieder hinarbeiten?

Über diese Fragen könnte man endlos debattieren, aber hin und wieder begegnet man jemandem, dem es ganz gut gelingt, authentisch zu sein. Nehmen Sie zum Beispiel meine Freundin Steph, die Kaplanin im Scargill House. Steph ist mir sehr ans Herz gewachsen, nicht, weil sie vollkommen wäre (ich würde sie niemals mit einer so unsinnigen Behauptung beleidigen), sondern weil sie neben den vielen Talenten und Fähigkeiten, die sie hat, eine herzensgute, wie ein Rohrspatz schimpfende, mit schwarzem Humor gesegnete Überlebenskünstlerin ist, die den Kompass ihres Herzens auf Jesus ausgerichtet hat. Als Steph vor einiger Zeit in der Kapelle von Scargill House in ihr Amt eingeführt wurde, schrieb ich einen kleinen Reim, um ihn während des Gottesdienstes vorzulesen.

Stephanie

Stephanie betet im Gehen
Statt vor dem Altar still zu ruh'n
Herr, sei mein Licht für die Zukunft
Verherrliche all mein Tun
Füll mich mit Mut und mit Stärke
Den Werken des Teufels zu trutzen
Und mach mich bereit, auf die Knie zu gehen
Um Kindern die Nase zu putzen

Stephanie schaut in den Spiegel
Ein Leben voll Kämpfen und Lieben
Sie kann kaum glauben, was sie dort sieht
Die Schönheit, die ihr geblieben
Nun kann sie die Arme ausbreiten
Ihr Herz sich voll Hoffnung erhebt
Sie sieht das Unmögliche wahrhaft erfüllt
Dass Jesus hier unter uns lebt

Stephanie betet unter dem Kreuz
Meine Liebe ist schwach, aber treu
Ich habe nichts außer dem, was ich bin
Doch was ich bin, geb ich dir neu
Ich liebe dich, Vater, und gebe mein Bestes
Doch manchmal komm ich nicht weit
Versprich mir, wenn ich ganz am Ende bin
Dass dein Geist mir Flügel verleiht

Gleich ertönt die Hupe!

Steph gehört auf jeden Fall zu den Leuten, die ständig erleben, dass ihre Innenwelt und ihre Außenwelt sich gegenüberstehen und sich gegenseitig lautstark zum Kampf herausfordern. Das ist nicht weiter überraschend, denn sie ist ein Mensch voller Gegensätze. Bisweilen erinnern mich diese gegensätzlichen Elemente an zwei sehr berühmte Schwestern, die gemeinsam mit ihrem Bruder Lazarus wahrscheinlich Jesus so gut kannten wie kaum jemand sonst auf der Welt. Ihr Haus in Bethanien war offensichtlich einer der wenigen Orte, wo er sich entspannen und er selbst sein konnte – einmal angenommen, er kam überhaupt dahinter, wer das war, was ja angesichts seiner komplexen Identität nicht ganz einfach gewesen sein dürfte.

Über Lazarus wissen wir nur wenig. Berühmt wurde er vor allem dadurch, dass er tot und dann durch ein Wunder nicht mehr tot war. Marias und Martas Persönlichkeit dagegen werden uns mit ungewöhnlicher Klarheit geschildert, insbesondere durch einen Vorfall, der sich ereignete, als Jesus sie besuchte. Erstaunlicherweise braucht das Lukasevangelium nur fünf Verse, um über dieses Fanal von einem häuslichen Ereignis zu berichten.

> Als sie aber weiterzogen, kam er in ein Dorf. Da war eine Frau mit Namen Marta, die nahm ihn auf. Und sie hatte eine Schwester, die hieß Maria; die setzte sich dem Herrn zu Füßen und hörte seiner Rede zu. Marta aber machte sich viel zu schaffen, ihm zu dienen. Und sie trat hinzu und sprach: Herr, fragst du nicht danach, dass mich meine Schwester lässt allein dienen? Sage ihr doch, dass sie mir helfen soll! Der Herr aber antwortete und sprach zu ihr: Marta, Marta, du hast viel Sorge und Mühe. Eins aber ist Not. Maria hat das gute Teil erwählt; das soll nicht von ihr genommen werden.

Eine faszinierende Geschichte. Quer durch den großen religiösen Flohmarkt der Jahrhunderte hindurch hören wir Jesus sagen, dass nur eines Not ist. Schnell, lassen Sie uns herausfinden, was das ist, damit wir mit einem Schlag alle unsere Probleme lösen können. Nun, wie es scheint, ist es die Bereitschaft, zu den Füßen Jesu zu sitzen und auf seine Stimme zu hören. Ganz einfach? Vielleicht. Wir kommen noch darauf zurück.

Manchmal stecken Leute andere Personen in Schubladen, indem sie sagen, sie verhielten sich wie eine »Maria« oder wie eine »Marta«. Meistens, glaube ich, ist damit gemeint, dass die Marias ziemlich schlaffe, weiche, meistens nicht sehr praktisch veranlagte geistliche Typen sind, während die durchschnittliche Marta eine mit den Töpfen klappernde, den Fußboden schrubbende, kein Blatt vor den Mund nehmende Frau mit einem Herzen aus Gold ist.

Mit diesen Klischees im Hinterkopf bin ich immer wieder fasziniert, was passiert, wenn ich die Leute in meinem Publikum frage, ob sie lieber eine Maria oder eine Marta sein möchten. Anfangs geht der Trend der öffentlichen Meinung meistens in Richtung Maria. Schließlich hat sie das »gute Teil erwählt«, und wir wollen ja alle geistlich alles richtig machen. Also muss das ja wohl die bessere Entscheidung sein, oder?

Doch schon kurz nach dieser etwas unsicheren Schlussfolgerung stellt sich eine leise Panik ein. Was heißt das eigentlich, zu Jesu Füßen zu sitzen, wenn er gar nicht physisch anwesend ist? Wäre es nicht besser, auf Nummer sicher zu gehen und Dinge zu tun, deren Vollendung und Erfolg sich klar bemessen lassen? Überhaupt, sobald wir aufhören, uns etwas vorzumachen, wissen wir doch alle (kommen Sie schon, wir wissen es doch!), dass manuelle Arbeit und physische Anstrengung profitabler und gottgefälliger sein müssen, als herumzusitzen wie Graf Koks von der Gasanstalt, Girlanden aus Gänseblümchen zu flechten und sentimentale Gedichte zu lesen. Wie ein Zebra, das einen Löwen füttert, tritt der größte Teil der versammelten Gemeinschaft schließlich doch ängstlich die Flucht ins sichere Lager der Martas an, und dort kauern sie dann alle zusammen und stellen Listen von Dingen auf, die zu erledigen sind.

Um abrupt die Metapher zu wechseln – mich erinnert das an eine schon lange abgesetzte Fernsehsendung namens *Runaround*, ein Quiz, in dem zwanzig oder dreißig Kindern eine Frage gestellt wurde, worauf sie über eine große offene Fläche sprinten mussten, um sich dann unter einer von drei möglichen Antworten an der gegenüberliegenden Wand aufzustellen. Sobald eine Hupe ertönte, hatten sie einmal die Chance, die Schlange zu wechseln, wenn sie wollten. Die Psychologie dabei war interessant. Wenn sich zuerst die meisten Kinder hinter einer der Antworten aufstellten, konnte es eine Massenwanderung geben, wenn die Hupe ertönte, besonders, wenn ein gewisser Prozentsatz der Gruppe mit genügend ansteckendem Selbstvertrauen die Position wechselte.

Maria oder Marta? Gleich ertönt die Hupe …

In Kirchen und anderen christlichen Gemeinschaften kann es in diesem Bereich zu ernsten Problemen kommen. Hier bei uns und ebenso in anderen Tagungsstätten dieser Art kann sich eine Lücke auftun zwischen den »geistlichen« Teams und denen, die für praktische Aufgaben verantwortlich sind, etwa fürs Kochen und Saubermachen. Auf jeder Seite kann Groll entstehen, weil sie sich missverstanden oder zu wenig geschätzt fühlt. Im schlimmsten Fall kann es sich so anfühlen, als stünde ein Haufen überheblicher Marias einer Phalanx übellauniger Martas gegenüber.

Auch in Familien kommt das vor. Mein Freund Arnold hatte zwei Söhne. Einer davon war ein Träumer, der hauptsächlich in seiner Fantasie lebte und ständig überrascht und verdutzt auf die Anforderungen einer Welt reagierte, die irgendwo außerhalb seines Kopfes existierte. Der andere füllte seine strengen Tage damit aus, alle möglichen Dinge zu machen und zu reparieren und zu bauen. In ihren frühen Teenagerjahren gingen sich die beiden Jungen gegenseitig hin und wieder regelrecht an die Kehlen, auch wenn sie, soviel ich weiß, nie auf den Gedanken kamen, sich gegenseitig die Namen Maria oder Marta als Schimpfwörter an den Kopf zu werfen.

Letzten Endes müssen wir natürlich diese eher lächerlichen Karikaturen beiseitelegen und lernen, diejenigen zu schätzen, die nicht so gemacht sind wie wir. Die Marias dürfen sich etwas mehr

Mühe geben, ihre Martas zu lieben und zu schätzen, und die Martas könnten einmal versuchen, für eine Weile Marias zu sein, und sei es nur, um zu lernen, dass es nicht nur eine Art von harter Arbeit gibt. Das Entscheidende aber ist, dass es, seit der Heilige Geist kam, im christlichen Dienst keine Hierarchie mehr gibt. Wie meine Freundin Steph entdeckt hat, können wir zu den Füßen Jesu sitzen, ganz unabhängig davon, was wir gerade tun, ob wir nun Toiletten putzen, in der Kathedrale von Canterbury predigen oder irgendetwas anderes. Und genau das sollten wir tun. Denn schließlich sagt Jesus ganz eindeutig, dass wir nichts anderes brauchen.

Gehöre ich dazu?

In vielen Leuten tobt ein Kampf der Welten, wenn sie sich buchstäblich oder bildlich beim Abendmahl dem Altargeländer nähern. Habe ich genug von meinen Sünden bekannt? Habe ich welche vergessen, die wirklich entscheidend wären? Wird Gott zornig auf mich sein, wenn ich die Frechheit habe, mich ihm jetzt zu nähern, nach einer Woche, in der ich mich so schlecht benommen habe? Was meint Paulus eigentlich, wenn er davon spricht, das Abendmahl unwürdig einzunehmen? Bin ich vielleicht dabei, mich selbst zum Gericht zu essen und zu trinken, wenn ich das Brot und den Wein nehme? Steht nicht in der Bibel irgendetwas davon, dass man krank wird, wenn man das Abendmahl nimmt, obwohl man es nicht sollte? Gehöre ich wirklich dazu, oder habe ich mich in Wirklichkeit nie richtig zu Christus bekehrt?

Die folgenden Zeilen zur Verwendung in einem Abendmahlsgottesdienst sind ein Versuch, beunruhigte Seelen von dem Gefühl zu befreien, private Sorgen hätten keinen Platz in dem offenen Raum, wo wir Brot essen und Wein trinken, um uns an Jesus zu erinnern. Ist der Versuch gelungen? Ich glaube schon. Passt irgendetwas davon zu Ihren Gedanken?

Tut dies zu meinem Gedächtnis

Ich liebe dich und bete dich an wie eh und je, und ich freue mich darauf, die Symbole für den Leib und das Blut deines Sohnes zu empfangen. Danke, dass du mich kommen lässt.

Ich bin tief in Sünde verstrickt, und ich habe das Gefühl, dass du den Leib und das Blut deines Sohnes für mich vergeudet hast. Ich möchte gerne von vorne anfangen. Können wir das tun? Bitte lass mich kommen.

Mein Glaube ist verschwunden. Ich stecke im Dunkel fest. Ich sehe endlich der Tatsache ins Auge, dass du nicht existierst und dass ich die Hälfte meines Lebens für etwas vergeudet habe, was keine Bedeutung hat. Und doch – will ich immer noch kommen. Darf ich?

Ich bin so wütend auf dich. Und du weißt, warum. Du weißt alles. Warum hast du mich im Stich gelassen? Du hättest doch *irgendetwas* tun können! Jeder halbwegs anständige irdische Vater hätte zehnmal so viel getan. Du liebst mich nicht. Oder doch? Ich habe es so nötig, zu kommen.

Mein Leben ist ein Monument der Mittelmäßigkeit. Ich habe mich nicht dazu aufgerafft, dir zu den Orten zu folgen, wo ich etwas Nützliches hätte tun können. Es ist alles so faul und dünn und vertrocknet. Wenn ich komme, bitte weck mich auf und gib mir zu essen. Lass mich an einem deiner Träume teilhaben. Zeig mir, wie ich mithelfen kann, damit er Wirklichkeit wird.

Ich habe Angst – riesengroße Angst. Bitte nimm meine Hand und kümmere dich um mich, wenn ich komme.

Ich bin verwirrt. So viele Debatten. So viele Worte.
Zu viele Worte. Ich rede selber viel zu viel. Bitte begegne mir in dieser flimmernden Nebelwolke, von der mir der Kopf wehtut. Ich komme zu dir. Ich suche Frieden in deinen Worten oder deinem Schweigen.

Ich bin so müde – so unendlich müde. Kurz davor, aufzugeben. Ich glaube, du kennst das Gefühl. Denk an mich, wenn ich dies zu deinem Gedächtnis tue.

Ich bin voller Sorgen, Sorgen und noch einmal Sorgen. Manche sagen, ich solle meine Lasten hinter mir lassen, wenn ich zu dir komme. Aber das kann ich nicht. Darf ich denn auch mit meinen Lasten zu dir hinaufkommen?
Sie werden ungünstig um meine Füße herumstehen wie die Tüten mit dem Wocheneinkauf aus dem Supermarkt, aber ich werde zusehen, dass meine Hände frei sind.
Lass mich kommen.

Ich komme nicht meinetwegen. Ich komme deinetwegen. Du hast mich gebeten, zu deinem Gedächtnis Wein zu trinken und Brot zu essen. Danke dafür, dass du mich einlädst, und vergib mir, dass ich nur an mich selbst gedacht habe. Natürlich komme ich.

Versprochene Schmankerl

Im Scargill House legen die Mitglieder der Gemeinschaft nach einem Lebenspfad, einem Leitfaden, der kurz nach der Wiedereröffnung der Tagungsstätte formuliert und niedergeschrieben wurde, Versprechen ab. Zu diesen Versprechen gehört, dass wir unser Bestes tun, in verschiedenen Bereichen dem Beispiel Jesu zu folgen. Interessanterweise haben viele Leute damit ihre Probleme.

»Eigentlich«, sagen sie, »sollten die Mitglieder sich doch verpflichten, einer Regel zu gehorchen, statt nur zu versprechen, dass sie ihr Bestes tun werden. Ist das nicht so etwas wie eine Ausflucht?«

Mit gespielt bereitwilliger Geduld erkläre ich, dass es in Wirklichkeit viel anspruchsvoller und weniger einengend ist, sein Bestes zu tun, als große Versprechungen zu machen, die man niemals einhalten wird. Als Christen kennen wir das nur zu gut, dass man öffentlich die ganze Welt verspricht und dann doch nur Hartlepool liefert. Ich füge eilends hinzu, dass gegen Hartlepool überhaupt nichts einzuwenden ist – soviel ich weiß. Ich bin noch nie dort gewesen, aber ich bin sicher, es ist sehr schön dort. Aber die ganze Welt ist es nun einmal nicht.

Jedenfalls, worauf es ankommt, wenn die Mitglieder der Gemeinschaft versprechen, ihr Bestes zu tun, ist, dass Lob und Tadel sich auf den Einzelnen beziehen, nicht auf irgendeinen formelhaften Verhaltensmaßstab, der Bemühungen und Fortschritte ignoriert. Wenn etwa Person A, die sonst vielleicht in einer Woche viermal ihrem schrecklichen Jähzorn freien Lauf gelassen hätte, dies auf zweimal begrenzte, so darf man sie dazu beglückwünschen. Derweil hat Person B, die an einem krankhaften Hang zum Sarkasmus leidet, demselben ungehemmt nachgegeben und damit viel Porzellan zerschlagen. Ihr muss man auf die Füße treten – in Liebe.

Manche der Versprechen hören sich ziemlich beängstigend an, wie zum Beispiel das, unser Bestes zu tun, dem Beispiel Jesu zu folgen, indem wir »gehorsam bis zur Kreuzigung« bleiben. Wir rechnen nicht damit, dass unsere Mitglieder so etwas erleiden müssen (hoffe ich), aber die Latte hat der Meister gelegt, und der geistliche Fosbury Flop, der von uns ungelenken Nachfolgern Jesu verlangt wird, ist einfach der höchste Sprung, den wir nach besten Kräften schaffen können.

Nicht alle unsere Versprechen sind so anspruchsvoll. Der Beirat von Scargill hat sein Veto eingelegt gegen unsere Versuche, eine

Verpflichtung zu gelegentlicher »Albernheit« mit aufzunehmen (was uns natürlich nicht daran hindert, gelegentlich eine strategische Albernheit walten zu lassen), aber behalten haben wir das wesentliche Element des Verteilens von Schmankerln, das wie folgt formuliert ist:

> Wir sehen, dass Jesus große Freude daran hat, unverhoffte Schmankerl zu empfangen und an andere Leute zu verteilen. *Ja! Mit Gottes Hilfe und mit Ermutigung und Wegweisung von den Brüdern und Schwestern, die mit uns auf diesem Pfad unterwegs sind, versprechen wir, unser Bestes zu tun, um dem Beispiel Jesu zu folgen.*

Ist das nicht ein herrliches Versprechen? Wir wollen nicht nur geben, was auch schon Spaß macht, sondern wir wollen auch nehmen. Und wenn Sie dafür eine beruhigende Untermauerung aus der Bibel brauchen, denken Sie an jenen magischen Augenblick, als eine Frau Jesus in die Augen schaute und einen Menschen sah, der sich im Dienst für andere aufgerieben hatte. Großzügig beschenkte sie ihn mit ihrem wertvollsten Besitz, einem Krug mit kostbarer Salbe, die die Nerven beruhigt und ausgleicht und etwa so viel gekostet haben muss wie ein Jahresgehalt. Er nahm das Geschenk gerne an. Und er fand es herrlich. Und er liebte sie, weil sie ihm dieses Schmankerl gegeben hatte. Hier ist eine dramatisch etwas aufbereitete Version dieses Ereignisses.

Die Frau mit der Salbe

Nach ein paar Augenblicken sah er auf und starrte die Jünger mit einem seltsamen Gesichtsausdruck an. Es kam mir vor wie eine Mischung aus Erschöpfung, Skepsis und Zorn.

»Nun«, sagte er, »ihr werdet erfreut und erleichtert sein, zu hören, dass eure große und etwas überraschende Begeisterung für die Speisung der Armen auf keinen Fall jemals vergeudet sein wird. Ich meine, ihr werdet die Armen für immer bei euch haben. Das ist die gute Nachricht. Dann werdet ihr also heute etwas für sie tun, ja? Oder vielleicht morgen? Ich halte euch doch wohl nicht davon ab, eure guten Werke zu vollbringen, oder? Es wäre mir sehr unangenehm, euch im Wege zu stehen. Was mich betrifft – nun, ob es gut oder schlecht oder beides ist, ihr werdet mich nicht mehr sehr lange bei euch haben. Nicht mehr sehr lange.«

Ein Schauder lief durch seinen Körper, als er das sagte, und als er weitersprach, klang seine Stimme viel leiser, viel sanfter. Ich bin nicht sicher, aber ich glaube, er hatte Tränen in den Augen. Vermutlich lag es daran, dass ausnahmsweise einmal jemand etwas für ihn getan hatte.

»Und das – das, was sie hier getan hat, das ist so – so anders. Es ist schlicht und einfach das Großzügigste und Schönste, was mir seit langer Zeit passiert ist, und ich werde es richtig genießen. Ob ihr es glaubt oder nicht, Elend an sich ist keine Tugend. Also geht und speist die Armen und lasst diese liebe Frau in Ruhe. Lasst sie einfach in Ruhe. Sie hat mir aus freien Stücken das Wertvollste geschenkt, was sie hatte, und dafür bin ich ihr sehr dankbar.«

»Das Nardenöl, meinst du?«, fragten sie.

»Ach, ihr kapiert es wirklich nicht, was? Nein, die Salbe ist herrlich, aber das, was sie mir heute gegeben hat, ist noch viel wertvoller, als irgendein Duftöl es jemals sein könnte.«

Er drehte sich um und sah der Frau direkt in die Augen.

»Ich danke dir sehr, dass du meine Armut verstehst und mir zu essen gibst. Nicht viele tun das. Das ist im Himmel bemerkt worden, weißt du. Weder dort noch in dieser Welt wird dich jemals jemand vergessen, auch ich nicht.«

Übrigens, dieses Verteilen von Schmankerln je nach individuellem Verdienst hat Parallelen zum Familienleben. Bridget und ich haben drei Söhne und eine Tochter. Natürlich war es sinnvoll, sie dazu anzuhalten, ihr Bestes zu tun, wie es ihrer Einsicht entsprach, statt sie zu einer universellen Messlatte hinzupeitschen, die vielleicht einer oder zwei von ihnen hätten erreichen können, die anderen aber nicht. Was ihr Verhalten angeht, gab es Momente, wo ein ganz kleiner Schritt nach vorn gelobt und manchmal auch belohnt werden musste, damit weitere Fortschritte folgten. Der Nachteil dabei ist, wie alle leidgeprüften Eltern wissen, dass Protestschreie wie »Das ist nicht fair!« und »Wieso darf der das und ich nicht?« zur alltäglichen Litanei werden. Aber das macht nichts. Auch das überleben wir.

Ich glaube ehrlich, dass meine Erinnerungen an Schmankerl allesamt gut sind. Es hat etwas pikant und erfrischend Köstliches, wenn man Schmankerl verschenkt oder bekommt, die unerwartet und unverdient sind. Wenn ich noch weiter zurückdenke als an die frühen Jahre meiner Kinder, erinnere ich mich, als wäre es gestern gewesen, daran, wie meine Mutter mich und meinen Bruder um vier Uhr vor dem Schultor erwartete und uns eröffnete, es ginge jetzt ab ins Essoldo-Kino in Tunbridge Wells, um uns *Davy Crockett* anzuschauen. Wie herrlich!

Es gab immer jede Menge Schmankerl, während unsere Kinder heranwuchsen. Spielzeug, Süßigkeiten, Wanderungen, Ausflüge zum Picknick, Spiele, länger aufbleiben, früher aufstehen, Theaterstücke anschauen, verfasst und aufgeführt von Matt, Joe, David und Kate, Gerichte verspeisen, die als Überraschung von demselben vielseitigen Quartett zubereitet und serviert wurden, alle möglichen schönen Dinge, die mit Liebe gegeben und empfangen wurden.

Ich muss gestehen, eine meiner liebsten persönlichen Erinnerungen war es, wenn alle mich beinahe gewaltsam am Vatertag vor einer Landkneipe absetzten, wo ich ganz für mich allein die Zeitung las und einen Sonntagsbraten verspeiste. Das war mein Ding.

Ja, jeder nach seinen Möglichkeiten und jede Menge Schmankerl. Ganz so drückt es die Bibel vielleicht nicht aus, aber ich kann nur empfehlen, es damit zu versuchen. Es wärmt einem das Herz.

Sehnsucht nach Begegnung

Wenn Christen entspannt sind und das Gefühl haben, offen reden zu können, dann kann man oft hören, wie sie denselben Traum oder dieselbe Sehnsucht ausdrücken. Es hat etwas damit zu tun, dass sie sich wünschen, dass Gott sich auf eine dynamischere oder eindeutigere Weise als in der Vergangenheit blicken lässt. Ein tiefer Aufschrei des Verlangens nach einer nicht-religiösen, intimen Begegnung mit einer Präsenz, nicht nur mit einer Implikation. Heutzutage ertrinken wir in einer Flut von Büchern und DVDs und Liedern und Vorträgen, die sich bemühen, die Lücke zwischen Theorie und Praxis im christlichen Leben zu schließen. Da wird dann gesagt, wenn wir nur anfangen würden, *dies* zu tun, oder aufhören würden, *jenes* zu tun, oder wenn wir eine bestimmte Liste von Grundsätzen in der richtigen Reihenfolge beherzigen würden, dann würden wir plötzlich entdecken, dass Gott schon die ganze Zeit über da war und nur darauf wartete, dass wir endlich geistlich alles auf die Reihe kriegen. Haben die Leute recht damit? Wer weiß? Der eine oder andere Artikel in dieser Bibliothek systematischer Offenbarung muss ja wohl von einem gewissen Nutzen sein.

Wo können wir Gott begegnen? Wo finde ich den Treffpunkt für ein Gespräch mit Jesus? In einem sehr bedeutsamen Sinn gibt es auf diese Fragen so viele Antworten, wie es Christen gibt. Gott tut, was er will, wann er es will, und so, wie es ihm beliebt. Wir müssen einfach nur daran glauben, dass er ein Experte für die Wahl der richtigen Zeit und des richtigen Ortes ist. Vielleicht aber gibt es so etwas wie »Tore« zur Eingangshalle des Himmels, gelegentlich auch an unerwarteten Stellen, wo Jesus manchmal zu finden ist, wo er wartet und für eine Weile bereit ist, uns ganz nah zu sein.

Es gibt eine ganze Menge solcher Eingänge, und nicht alle sind besonders religiöser Natur. Einer davon ist gewiss die Musik (verschiedenster Art, von Heavy Rock bis Mozart, je nachdem, worauf Sie stehen) und andere Kunstformen ebenso. Tanz, Lyrik, Drama,

Film, Romane und schöne Künste, sie alle können Portale sein, die uns in die Gegenwart Gottes führen. Herausragende Leistungen oder auch herzzerreißende Anstrengungen im Sport sind ein weiteres Beispiel. Die Natur in ihrer reichen und überwältigenden Vielfalt ist ebenfalls eines. Das Gebet, das Eintauchen in die Bibel, Anbetung der besten Art, Akte der Liebe und Freundlichkeit, die wir geben und empfangen, können uns ebenfalls in unerwartet tiefe Begegnungen mit dem Gott, nach dem wir uns sehnen, hineinführen. Diese Dinge sind nicht Gott, und wir sollen sie nicht anbeten. Sie sind Tore zu dem Ort in unserem Herzen, wo Jesus lebt. Deshalb stehen diese Worte im vierten Kapitel des Philipperbriefs: »Weiter, liebe Brüder: Was wahrhaftig ist, was ehrbar, was gerecht, was rein, was liebenswert, was einen guten Ruf hat, sei es eine Tugend, sei es ein Lob – darauf seid bedacht!«

Das Eintauchen in die Schönheit oder das ästhetische Empfinden ist nicht nur eine Art weltliches Schaumbad. So etwas wie einen frommen Sonnenuntergang, im Gegensatz zu einem weltlichen, gibt es nicht. Ich persönlich spüre, wie alles in mir gegen diese kleingeistigen Verarmungen des menschlichen und des christlichen Daseins revoltiert. Und wer weiß, wann vielleicht Jesus beschließt, mitten in einer solchen Erfahrung aufzutauchen? Wenn er es tut, dann hören Sie bitte genau auf das, was er sagt.

Setzen Sie sich irgendwohin, wo Sie sich wohlfühlen, und stellen Sie sich die folgenden Fragen: Hatten Sie schon jemals eine wirklich lebendige Begegnung mit Gott? Wie und wo war das? Wenn Sie ein solches Erlebnis noch nie hatten und es gerne haben möchten, wo wären Sie bereit, danach zu suchen, und was wären Sie bereit, zu versuchen? Und um all der Leute willen, mit denen Sie in Kontakt kommen, stellen Sie sich bitte noch eine weitere Frage. Welche Vorteile und Nachteile hat es, das sogenannte Geistliche von dem sogenannten Weltlichen zu unterscheiden? Von der Antwort auf diese Frage könnte die Zukunft der Kirche abhängen.

Der Garten hinter der Mauer

Zu Anfang des Frühjahrs 2009, bevor die Frage, ob Bridget und ich von Sussex nach Yorkshire umziehen sollten, auch nur gestellt, geschweige denn beantwortet war, reisten wir mit unseren guten Freunden Phil und Di Stone nach Norden, um das Scargill-Gelände zu besuchen. Wir waren aus zwei Gründen dort. Der erste war, uns zu entspannen und eine schöne Zeit zu verbringen. Der zweite war, diesen Ort, Scargill House, den wir alle in der Vergangenheit schon einige Male besucht hatten, zu sehen und zu spüren und ihm so nah wie möglich zu kommen. Die Frage der »Rettung von Scargill«, was immer das letztendlich bedeuten mochte, hatte uns innerlich schon seit einiger Zeit beschäftigt. Wer konnte sagen, was die Zukunft bringen würde? Wir hatten jedenfalls keine Ahnung, aber wir beobachteten alle Entwicklungen mit großem Interesse.

Am unteren Ende der Einfahrt stand ein kleines Tor offen. Also vergaßen wir praktischerweise alles, was wir je über die Gesetze bezüglich Haus- und Landfriedensbruch gewusst hatten, gingen hindurch und erkundeten das Gelände. Erinnerungen strömten auf uns ein. Ereignisse, Merkmale, Menschen, Teile des Geländes, deren Existenz wir vergessen hatten. Eine davon war der Garten hinter der Mauer. Wie hatten wir den nur vergessen können? Diese riesigen, hohen, dicken alten Mauern. Die Fülle von Büschen und Blumenbeeten und schmalen, ineinander verschlungenen Pfaden, die den ganzen Bereich durchkreuzen. Als wir durch das Tor in diese bezaubernde, schon jetzt überwucherte, zurückgezogene kleine Welt schritten, war es, als beträten wir einen mysteriösen, geheimen Garten.

Dort saßen wir für eine Weile, unterhielten uns und beteten und fragten uns, was die Zukunft uns allen bringen mochte. Die Erinnerung an diese kurze Zeitspanne hat mich nie verlassen. Duftete die Luft nach Verheißung und Prophezeiung? Wer kann das sagen? Was ich sicher weiß, ist, dass meine Wahrnehmung dieses geschlossenen, verlassenen Raums große Ähnlichkeit mit dem hatte, was ich im Leben vieler Leute beobachtet habe, die Scargill seit seiner Wiedereröffnung 2010 besucht haben. Wir alle haben einen geheimen Garten in unserem Innern. Das ist unser Ort, der Teil unseres Lebens, wo wir wirklich zu Hause sind. Der Ort, wo wir uns dem stellen, was wir sind und was wir – manchmal ziemlich hoffnungslos – nicht sind.

Manche Teile des Gartens sind wild und schlecht gepflegt, düster und feucht. Wir haben nie Licht in diese unfruchtbaren kleinen Dschungelgebiete gelassen. Vielleicht haben wir uns zu sehr geschämt, sie selbst anzuschauen, geschweige denn, Fremde in solche traurigen Winkel unseres Lebens hineinblicken zu lassen.

Manche Teile sehen gar nicht so übel aus: Wir sind richtig stolz darauf, dass die kleinen, aufstrebenden Schößlinge, die wir dort sehen, wirklich uns gehören. Wir kümmern uns um sie, weil sie Farbe in unser Leben bringen, uns Hoffnung versprechen, uns eine leise Zuversicht einflößen, dass letzten Endes alles gut werden könnte.

In unserem geheimen Garten gibt es auch Wege, selbst wenn sie schlecht zu sehen und überwuchert sind. Früher einmal wussten wir, wo sie anfingen, welche Biegung sie nahmen, um auf den Moment unserer größten Not zu treffen. Es gab eine Zeit, als sich dort auch ein viel begangener Pfad zum Frieden befand. Wir kannten ihn genau, und wir pflegten ihn sorgfältig. Wie gerne würden wir ihn jetzt wieder finden, aber wie können wir das? Er ist viel zu lange vernachlässigt worden.

Sie sind ein ziemlicher Mischmasch, unsere geheimen Gärten, und wir haben vielleicht das Gefühl, dass sie im Vergleich zu vielen anderen ziemlich schlecht abschneiden. Aber wir lernen, Gott hereinzubitten, weil er sich offenbar tatsächlich gerne dort aufhält und weil er uns, obwohl er hin und wieder konstruktive Ideen beisteuert, nie verdammt oder macht, dass wir über unser Zuhause, den Ort, wo wir wohnen, unglücklich sind.

Manchmal krempelt er sogar die Ärmel hoch und hilft uns dabei, den Boden frei zu machen, damit wir neue Samen und Zwiebeln einpflanzen können, oder das Gestrüpp zurückzuschneiden, das dem Licht den Weg versperrt. Das kann eine schmerzhafte und ermüdende Arbeit sein, aber – nun, er scheint zu wissen, was er tut, und man kann eine Menge lernen, wenn man Seite an Seite mit einem Experten arbeitet.

Ich freue mich, sagen zu können, dass Scargill wieder zu einem Ort wird, wo sich Menschen sicher genug fühlen können, um Jesus in die innerste Mitte ihres Lebens einzuladen, zu dem geheimen Ort, wo die Dinge nicht so funktionieren, wie alle sagen, dass sie funktionieren sollten, wo schöne Blumen und wucherndes Unkraut gleich nebeneinanderwachsen und wo viele der alten, vertrauten Pfade kaum noch zu sehen sind.

Wäre es nicht fantastisch, wenn Scargill und alle anderen Orte, die Jesus repräsentieren, zu Zufluchten werden würden, in denen die Gnade das einzige Gesetz ist? Wo Leute, die müde und verwirrt sind und bedingungslose Liebe brauchen, sich mit allem, was sie sind, nicht nur mit einer zensierten Version ihrer selbst, von Gott in die Arme schließen lassen können?

Es ist eine ehrgeizige Vision. Das weiß ich. Aber versuchen Sie nicht, sie mir auszureden. Gehen Sie mit Ihren Einwänden zu dem, der mit der Kraft seiner Stimme Stürme stillte und mit dem Lunchpaket eines Jungen Tausende satt machte. Es ist seine Vision.

Milchreis und Jesus

Ein faszinierender Aspekt bei diesem Streben danach, unser inneres und äußeres Leben miteinander zu vereinen, ist, dass das Problem zu schrumpfen und seine Kraft zu verlieren scheint, sobald man tatsächlich für und mit Jesus mit irgendeiner einfachen Aufgabe beschäftigt ist, wie bescheiden sie auch sein mag. Bridget und ich haben das einmal in Südamerika gespürt, als wir etwa hundert Kindern, die gerade fröhlich aus ihrem Versammlungsraum strömten, Milchreis aus riesigen Metallbehältern servieren durften. In dieser nützlichen, unkomplizierten Aufgabe lag eine schlichte Freude, die uns beiden ein Lächeln aufs Gesicht zauberte. Kein Wunder. Die Theologie und das wirkliche Leben hielten sich zur Abwechslung einmal herzlich umarmt.

Die junge Frau in dem folgenden Monolog hatte ein ganz ähnliches Erlebnis.

Die Frau, die sich um die Handtücher kümmerte

Einmal fragte ich meinen weisen Vater: »Werde ich Veränderungen in meinem Leben sehen?«

»Meine Tochter«, erwiderte er, »eines Tages wirst du vielleicht in einem anderen Dorf wohnen. Vielleicht wird deine Aufgabe im Leben dann eine andere sein, sodass die Dinge, die du siehst und hörst und anfasst, neu und unvertraut sind. Das ist eine Art von Veränderung. Es gibt auch eine Veränderung des Denkens und des Geistes. Wenn sie eintritt, können sich sogar die gewöhnlichsten, vertrautesten und unveränderlichsten Dinge im Leben verwandeln.«

Die Antwort meines Vaters bewahrte ich stets in meinem Herzen, aber verstanden habe ich sie nicht. Bis heute.

Ich sorge für saubere, trockene Handtücher für die Gäste im Haus meines Herrn. Heute traf der reisende Lehrer namens Jesus mit seinen Jüngern ein, um in unserem oberen Gemach das Passamahl zu feiern. Stellt euch mein Erstaunen vor, als dieser Mann namens Jesus vor dem Essen eine Schüssel mit Wasser füllte, sich auf den Boden kniete und begann, seinen eigenen Anhängern die Füße zu waschen. Ein Rabbi, der Füße wäscht! Kann denn eine Sache möglich und zugleich unmöglich sein? Bis heute hätte ich das nicht geglaubt.

Im nächsten Moment kam es zu einer Auseinandersetzung. Der größte der Jünger stocherte mit seinen Fingern durch die Luft und redete sehr laut. Dann kam eine leise Antwort des Rabbis, und danach schien der große Mann Jesus in ebenso leidenschaftlichem Ton anzuflehen, ihm einen Dienst zu tun.

Danach ging die Waschung weiter, und als er feststellte, dass das Tuch, das er sich um die Hüften geschlungen hatte, schon bald durchnässt war, drehte sich der Meister um und winkte mir, trockene Tücher zu bringen.

Ich half ihm. Ich half Jesus. Seite an Seite auf unseren Knien arbeiteten wir uns von einem Mann zum nächsten vor. Immer, wenn er einem von ihnen sehr sorgfältig und gründlich die Füße gewaschen hatte, wandte er sich zu mir und ließ sich von mir ein Handtuch auf die ausgestreckten Hände legen. Als die Aufgabe vollbracht war, lächelte er mich an und sagte: »Ich danke dir. Wir arbeiten gut zusammen, du und ich, nicht wahr?«

Ich hätte für immer dort neben Jesus auf meinen Knien bleiben können. Und Vater hatte recht. Meine Arbeit ist anders geworden. Die Menschen, denen ich diene, sind anders geworden. Sogar das schlichte Handtuch, das über meinem Arm hängt, ist anders geworden. Ich habe Jesus geholfen. Wir haben gut zusammengearbeitet. Alles hat sich verändert.

Mütter in der Gnade

Bridget und ich hatten großes Glück mit unseren Müttern. Wenn irgendein Mensch je nahe daran war, die richtige Einheit zwischen seiner Innen- und Außenwelt herzustellen, dann waren es diese beiden großartigen Frauen. Gegen Ende ihres Lebens widmete Bridgets Mutter Kathleen ihr ganzes Sein der Aufgabe, die Würde ihres Mannes aufrechtzuerhalten, während er unaufhaltsam in die dunkle Höhle der Demenz hinabglitt. Ich dachte kürzlich an Kathleen, als ich in einem Hotel in Eastbourne frühstückte. Die alte Dame am Nebentisch kümmerte sich schützend und helfend mit wunderbarer, liebevoller Fürsorge um ihren verwirrten Ehemann. Das erinnerte mich nicht nur an Kathleen und George, sondern es schien mir auch die beharrliche, aufmerksame Liebe Gottes widerzuspiegeln, die durch diese Welt zieht wie ein stiller Strom. An jenem Abend schrieb ich das folgende Gedicht.

Geliebter Edward

Oh Edward, mein Edward,
Du mein Sonnenschein,
möchtest du Kaffee?
Ich schenke dir ein.
Aus samtschwarzem Himmel
strahlte Sternenglanz,
als auf der Terrasse
du mich batest zum Tanz.

Kein Croissant, Edward,
das krümelt zu sehr.
Toast kannst du besser,
das fällt dir nicht so schwer.
Champagner und Mondlicht,
Smoking, Spitzengewand,
Küsse und Flüstern,
die Wärme deiner Hand.

Nicht so laut, mein Liebling,
Nein, das ist doch nicht Ted,
das ist Stephen, er bringt dich
immer abends ins Bett.
Schon strömte silbern
der Morgen in den Raum,
als aufs Kissen ich sank
und weitertanzte im Traum.

Lass mich vorausgehen,
die Treppe ist steil,
fang mich auf, wenn ich falle,
oh Edward, mein Heil.
Ich gab dir mein Wort
damals im Mondenschein,
dich für immer zu lieben,
und so wird es sein.

Von Zeit zu Zeit

Ich werde oft gefragt, was mir am Schriftstellerdasein am meisten Spaß macht. Ich habe großes Glück. Es gibt eine ganze Reihe von Antworten auf diese Frage. Diejenige, die mir für *Kampf der Welten* und insbesondere für diesen Abschnitt des Buches am relevantesten zu sein scheint, ist die Tatsache, dass ich einen Großteil meiner Zeit damit verbringen darf, mir in Form von Lyrik und Prosa allen Unrat von der Seele zu reden. Das war schon immer so, seit ich anfing zu schreiben. Es war ein sehr therapeutischer Prozess für mich, und wie ich damals in der Anfangszeit zu meiner Überraschung entdeckte, war es auch für manche meiner Leser eine große Hilfe. Ich sollte allerdings hinzufügen, dass dieser Effekt der Tiefenreinigung nur dann zustande kommen kann, wenn ich die Sachen, die ich produziere, nicht moralisch oder religiös zensiere. Ich lege es keineswegs darauf an, unnötig anstößiges Zeug zu schreiben, aber ich gebe mir große Mühe, das auszudrücken, was wirklich in meinem Herzen ist, ohne irgendwelche »theologisch bedenklichen« Risse zu übertünchen. Es war erfrischend, erschreckend und befreiend für mich, mir selbst die Erlaubnis zu geben, mit der Wahrheit über mich selbst an die Öffentlichkeit zu gehen. Ein Zurück gibt es jetzt nicht mehr. Das wäre Verrat von der übelsten Sorte.

Das folgende ist ein etwas seltsames Gedicht, das getränkt ist mit Unsicherheit und Hoffnung, vor allem mit Furcht. Manchmal verliere ich allen Sinn für Form und Kontinuität in diesem Leben, dem ich nicht entrinnen kann, und dann habe ich das Bedürfnis, das alles in Worte zu fassen und es aus dem Fenster zu werfen, in der Hoffnung, dass Gott es auffängt und sich anschaut, was ich geschrieben habe.

Ich habe keine Ahnung, worum es in der ersten Strophe geht. Die zweite handelt von meiner Frau, und die dritte basiert auf einem Erlebnis, das ich hatte, als ich mich als ganz kleiner Junge zwischen den riesigen Puppenhäusern von Tunbridge Wells verlaufen hatte. Die vierte Strophe handelt von Jesus, glaube ich.

Zeit

Der Regen hat begonnen
Leinenschleier ziehn über die zerrissene Schönheit der Täler
Versprechen, dass wir alle eines Tages ehrlich weinen dürfen
Die Luft ist warm und lockt mit Traurigkeit
Ich strecke meine Hand aus
Es ist eine Weichheit in diesen schweren Tropfen, die ich nie bemerkt habe
Freundliche, beharrliche Stimmen rufen mich, ermahnen mich, tapfer zu sein
Zu fliegen, sobald ich meine Stunde schlagen höre
Mit all den zerzausten Engelsflügeln, die über diesen Himmel streichen.
Aber wie soll ich entscheiden?
Der Regen hat begonnen
Ich glaube, vielleicht ist es Zeit

Meine Freundin ist hier
Der ich einen Zettel anvertraute, bekritzelt mit der Wahrheit
Sie hütet ihn gut, wie ich auch ihre schön geschriebene Darbringung bewahre

Doch mehr noch, es ist eine siamesische Anhänglichkeit
Und wären wir tausend Meilen voneinander fern, so ginge der Leib unseres Seins im gleichen Schritt
Im Herzen verbunden
Und nun frage ich mich
Wie wird das, was wir sind, sich in der Erde lösen oder fort ins All entflackern?
Bleibt das Orakel stumm, so werd' ich eine Lösung träumen
Wieder eine Nacht, um wach zu liegen oder zu träumen
Meine Freundin ist hier
Vielleicht ist die Zeit gekommen

Stille senkt sich herab
Viel mehr oder schlimmer als nur das Fehlen von Geräuschen, ein Vakuum der Verantwortung
Das eingefrorene Schweigen, das ich kannte, als ich klein war und in einer belebten Stadt meine Eltern verlor
Sechs Fuß aufgetürmtes Schweigen und eine leere Hand
Obwohl doch ringsum Stimmen in unbekannten Sprachen sprechen und rumpelnde Riesen brüllen
Fängt mich mein Schrecken ein in einem Arktisschacht der Lautlosigkeit
Als ich in meiner Panik an den eisigen Wänden scharre
Weiß ich, weiß ich, weiß ich, dass ich nicht überleben werde
Aber dann schließlich finden meine Eltern mich
Na gut, atmen sie erleichtert auf, wenigstens bist du noch am Leben
Nun senkt die Stille sich wieder, und ich bin kein Kind mehr
Bestimmt wird er kommen, wenn es Zeit ist

Ein Feuer brennt
In seinem Herzen vergraben ist eine überfließende Schatzkiste voller Wärme
Ein leuchtender, glitzernder Festplatz der Veränderung

Dieser glühende Vorrat an Licht
Wird angetrieben und genährt von kaputten, verlorenen, weggeworfenen Dingen
Eine seltsame Verwandlung, die vom Tod abhängig ist
Doch sterben darf sie nicht
Sammle diese kostbaren goldenen Scheite
Nimm sie jetzt, bevor es zu spät ist
Benutze sie, um irgendwo an einem vergessenen Ort eine Flamme zu entfachen
Ein Feuer brennt
Es ist Zeit

Nur eine Minute

Wo wir gerade von Zeit sprechen, was glauben Sie, wie viel Sie in sechzig Sekunden zwängen können? Hier sind ein paar Vorschläge. Ist das Folgende ein großer literarischer Text? Nun, ich kann mich nicht erinnern, was das Wort »sublim« eigentlich bedeutet, und ich habe keine Lust, es nachzuschlagen, aber ich kann Ihnen zuverlässig sagen, dass wir jetzt einen Riesenschritt hin zum Lächerlichen machen.

In einer Minute

In einer Minute kann ich zwei Neuntel eines Eis kochen
In einer Minute kann ich einen Freund aus dem besten aller möglichen Gründe anrufen – nämlich aus gar keinem
In einer Minute kann ich, solange ich mich keines Zögerns, keiner Wiederholung oder Abweichung schuldig mache, bei *Just a Minute* Punkte machen
In einer Minute kann ich, nachdem ich die Türklingel gehört habe, in einem sechzigsekündigen, exklusiven Aktivitätsschub mein Arbeits-

zimmer in einen Raum verwandeln, der äußerlich anheimelnd unordentlich aussieht, aber so, als wäre er im Grunde gut organisiert
In einer Minute kann ich vor Gott und den Menschen ein Versprechen ablegen, das mich für bis zu sechzig Jahre an einen anderen Menschen bindet
In einer Minute und sechseinhalb Sekunden kann Usain Bolt ungefähr sechshundertsiebzehn Meter laufen
In einer Minute kann ich neunundfünfzig und eine halbe Sekunde mehr von *Dschungelcamp* sehen, als ich je in dieser Welt oder der nächsten oder irgendwo sonst sehen wollte
In einer Minute kann ich meine Zeitung finden, meine Brille verlegen, meine Brille finden, meine Zeitung verlegen, den Wasserkessel aufsetzen, meine Zeitung und meine Brille finden, mich mit meiner Zeitung und meiner Brille in den Sessel setzen und mich fragen, warum der Wasserkessel kocht
In einer Minute kann ich ein Minutensteak grillen, ein Steak, das, wie wir alle wissen, so winzig ist wie eine Minute und deshalb genau eine Minute zum Grillen braucht
In einer Minute kaute mein Schwiegervater nur einen Bissen von seinem Essen, während der Geist *seines* toten Vaters neben ihm stand und nachzählte, wie oft sich sein Kiefer bewegte
In einer Minute kann ich, wenn gleich ein Spätfilm anfängt, den ich mir ansehen möchte, für meine Familie, meine Gemeinde, die Gemeinde Jesu im ganzen Land, die Gemeinde Jesu weltweit, die Queen, unsere Regierung, alle anderen Regierungen, die Armen, die Reichen, die verlorenen, die geretteten und jeden anderen beten, der mir einfällt. Recht oft habe ich am Ende sogar noch ein paar Sekunden übrig, was nützlich ist, wenn ich mir noch einen Snack machen will, bevor der Film anfängt
In einer Minute kann ich eine Minute vergeuden
In einer Minute kann ich vierhundertundneunzig Mal Vergebung empfangen – oder auch öfter
In einer Minute kann ich dieses Gedicht lesen. Oh, schau mal, wie spät es schon ist, ich kann es wohl doch nicht …

Als es passierte

Da wir uns nun dem Ende dieses Abschnitts nähern, sollte ich vielleicht erwähnen, dass es auch Momente gibt, wo es viel besser ist, seine Innenwelt innen und seine Außenwelt an einem völlig anderen Ort zu lassen. Hier ist ein Beispiel für dieses Phänomen. Urteilen Sie bitte selbst, ob die Wahrheit sofort hätte herauskommen sollen oder nicht. Ich kann mich einfach nicht entscheiden.

Es geht um George Reindorp, Bischof und Rundfunkmoderator, der seinerzeit in den frühen Achtzigern mit Bridget und mir regelmäßig in der TVS-Abendsendung *Company* auftrat. George war ein liebenswerter Mensch mit einem bösen Sinn für Humor, und er war ein großartiger Erzähler. Die in diesem Sketch wiedergegebene Geschichte stammt aus seinen Erfahrungen als Gemeindepfarrer und illustriert mit beunruhigender Klarheit jene Art von unerwarteten Zwangslagen, die Geistliche erdulden müssen, und die selektive Ehrlichkeit, mit der man manchen Situationen begegnen muss.

Gemeindeglied: (*erscheint an der Eingangstür und wendet sich mit ausdrucksloser Stimme an George*) Herr Pfarrer, ich bin gleich hergekommen, um es Ihnen zu sagen. Es ist passiert.

Pfarrer: (*völlig verdattert, aber mühsam die Fassung wahrend*) Es ist passiert? Tatsächlich? Lieber Himmel. So etwas. Kaum zu glauben. Ja …

G: Ja, es ist passiert.

P: Verstehe, ja, richtig. Und wann genau, äh …?

G: Ungefähr um halb elf.

P: Aha, das war dann ja wohl ein wenig später, als Sie erwartet haben, nicht wahr, nicht wahr, nicht wahr? Oder nicht?

G: Ein bisschen früher, Herr Pfarrer.

P: Ja, ja, natürlich, jetzt, wo Sie es sagen, ganz richtig, ein bisschen früher, ja, natürlich. Also, wie denken Sie …?

G: (*sie wiegelt ein bisschen mit der Hand*) Nun ...

P: In mancher Hinsicht müssen wir wohl sagen, es ist schlimm, äh, traurig ...

G: Nun ja ...

P: Aber, aber, aber, in gewisser Hinsicht, denke ich, in gewisser Hinsicht, wissen Sie, ist es doch eigentlich – ist es doch im Grunde genommen – ein Segen.

G: Ja, Herr Pfarrer, aber was ich ja nun entscheiden muss, ist – soll ich, oder soll ich nicht?

P: Ja, richtig, natürlich – nun, ich denke, wissen Sie, wir müssen bedenken, dass dies vielleicht nicht der ideale Zeitpunkt ist, um solche, wissen Sie, solche großen Entscheidungen zu treffen, nicht gleich unmittelbar, nachdem, äh ...

G: Na ja, eine *große* Entscheidung ist es ja eigentlich nicht, oder?

P: Nun ja, es ist – nicht unbedingt eine *große* Entscheidung, in diesem Sinne. Aber, ich meine, es ist auch nicht gerade eine kleine, nicht wahr? Insofern wäre es vielleicht tatsächlich besser, das nicht schon so bald nach, äh ...

G: Nachdem es passiert ist.

P: Eben, ja, genau das meine ich.

G: Schon komisch, dass es an einem Mittwoch passiert ist, Herr Pfarrer.

P: Oh ja, ja! *Sehr* merkwürdig – an einem Mittwoch. Man stelle sich das vor, es passiert an einem *Mittwoch*!

G: Entschuldigung! Ich meine natürlich – an einem Donnerstag.

P: Ja, Donnerstag, meinte ich doch! Natürlich Donnerstag. Ich meinte auch Donnerstag. Wie dumm – äh, wie dumm von mir. Ja, man stelle sich das vor, es passiert an einem Donnerstag.

G: Ich hoffe, es macht Ihnen nichts aus, wenn ich das frage – aber ist es Ihnen auch schon einmal passiert, Herr Pfarrer?

P: Mir? Äh, nun, vielleicht nicht ganz auf dieselbe Weise ...

G: Ach so – und als es Ihnen nicht ganz auf dieselbe Weise passierte – haben Sie da, oder haben Sie nicht?

P: Mmmm, soweit ich mich erinnern kann, habe ich zuerst nicht, und dann – wissen Sie, nachdem genügend Zeit verstrichen war – nun, dann habe ich schon.

G: Aha. Das gefällt mir. Ich glaube, so mache ich es auch, Herr Pfarrer. Zuerst werde ich nicht, und dann, nachdem genügend Zeit verstrichen ist, werde ich.

P: Gut, gut-gut-gut-gut-gut-gut-gut, das ist gut ...

G: Möchten Sie, äh – möchten Sie vielleicht vorbeikommen und es sich anschauen, Herr Pfarrer?

P: Ach wissen Sie, ich glaube, lieber nicht. Ich glaube, es ist vielleicht besser so. Denn, nun ja – ich denke, wir beide wissen im tiefsten Innern, warum das wahrscheinlich nicht so eine gute Idee ist, nicht wahr?

G: Ganz richtig, Herr Pfarrer. Ja, so ist es. Nun gut, Herr Pfarrer – also, dann herzlichen Dank. Ich gehe dann mal lieber zurück und vergewissere mich, dass die Schuppentür auch zu ist, nur für den Fall, dass, äh – Sie wissen schon.

P: Die Schuppentür ... aber ja! Ich weiß, lieber Himmel, natürlich, ja, völlig klar.

(*Einige Monate später an der Kirchentür, am Tag der Verabschiedung des Pfarrers, und ich füge hinzu, dass George Stein und Bein schwor, dass dieses Gespräch Wort für Wort so verlaufen ist.*)

G: Ich wollte Sie noch einmal sprechen, bevor Sie abreisen, Herr Pfarrer, einfach, um mich zu bedanken.

P: Oh, nun, ich danke *Ihnen*. Aber, äh – wofür denn?

G: Nun, die Sache ist, ich werde das nie vergessen – wissen Sie, als es passierte –

P: Oh, ja?

G: Nun, Sie waren doch der Einzige, der es wirklich verstanden hat ...

P: Ah!

Der Grashalm

Ein letzter Gedanke zu diesem Teil des Buches. Vor Kurzem stieß ich auf eine Geschichte, die ich vor einigen Jahren geschrieben hatte, und las sie durch. Sie hieß *Der Grashalm.*[3] Ich war schockiert. Wenn man so viel schreibt wie ich, ist es fast so, als führe man Tagebuch. Ich hatte vergessen, wie quälend autobiografisch diese Geschichte war. Ich habe nicht die Absicht, mich selbst noch weiter zu foltern, indem ich diese Verbindungen zu meiner Vergangenheit zu gründlich seziere. Doch auf die Gefahr hin, mich anzuhören wie ein komplett Wahnsinniger, will ich sagen, dass ich, als ich die Geschichte zu Ende gelesen hatte, laut weinte und das Buch weit von mir wegschleuderte, um mich von der durchbohrenden Wirkung jener fiktiv aufbereiteten Erinnerungen zu distanzieren. Es war grauenhaft. Ich hatte wirklich geglaubt, ich hätte mich diesen Aspekten meines Lebens gestellt und sie verarbeitet, aber offensichtlich stecken sie immer noch in meinem Innern und sind noch nicht völlig aufgelöst. Vielleicht werden sie es niemals sein. Vielleicht sind sie notwendige Erinnerungshilfen. Gott weiß es. Ich nicht.

Abgesehen von diesem Zeichen gescheiterter Selbsttherapie muss ich sagen, dass die Themen, die in der Geschichte erkundet werden, mich paradoxerweise sehr gepackt haben. Die meisten von uns bewegen sich, wenn überhaupt, spiralenförmig vorwärts und aufwärts und kommen immer wieder auf dieselben Fragen und Probleme zurück, wobei sich hoffentlich jedes Mal eine neue dünne Schicht des Verstehens absetzt. So ist es bei mir, obwohl sich die Spirale manchmal in einen Kreis verwandelt und gar keine Bewegung nach oben mehr stattfindet. Mit dem Teufel sollte man niemals Swingball spielen.

Ein Thema ist Alkohol. Die Geschichte ist darin getränkt. Der Rat, den Paulus den Ephesern gibt, sich nicht mit Wein, sondern mit dem Heiligen Geist zu betrinken, hat mich schon immer fasziniert. Ich habe bereits darauf hingewiesen, dass Trunkenheit von

Jesus im Lukasevangelium als eines der drei Dinge genannt wird, die wir sorgfältig vermeiden sollten, und zwar aus dem guten und praktischen Grund, dass sie unsere Herzen belasten werden. Vermutlich wussten Paulus und Jesus, dass die Wirkung des Alkohols, und nicht einmal nur dann, wenn man ihn im Übermaß trinkt, eine der gelungensten Fälschungen ist, die sich die dunkle Seite ausgedacht hat. Guter Rotwein und deutsches Bier stehen ziemlich weit oben auf meiner Liste der besten, genussreichsten Dinge, die die Welt zu bieten hat. Aber heutzutage trinke ich in Maßen, und vor allem glaube ich nicht mehr an die verführerische Lüge von der Möglichkeit, auf dem Grunde des nächsten Glases Frieden und Heilung zu finden. Schließlich löst Alkohol keine Probleme. Paul, die Hauptfigur in dieser Geschichte, fängt gerade an, das zu lernen.

Das zweite Hauptthema der Geschichte hat etwas mit Wahrheit und Offenheit in Beziehungen zu tun. Paul hält wichtige Bereiche seines Lebens vor seiner Frau und seinem besten Freund verborgen, da er nicht bereit und nahezu unfähig ist, das Risiko einzugehen, zwei der wichtigsten Menschen in seinem Leben ehrlich zu begegnen. Natürlich gibt es keine festen Regeln darüber, aber diejenigen unter uns, die sich mit einem solchen Handicap identifizieren können, wissen genau, dass es Momente gibt, in denen wir inneren Aufruhr oder Qualen oder auch einen Rausch positiver Gefühle empfinden, vielleicht auch alle drei auf einmal, die uns und denen, die uns, wie Paul Tournier es ausdrückt, ständig umkreisen wie ein kleines Boot eine Insel auf der Suche nach einem Landeplatz, wunderbar wohltun könnten, wenn wir sie denn miteinander teilen würden. Diese Kommunikationslähmung jedoch verursacht Schmerz, Verwirrung, Verzerrung und manchmal eine tragische Vergeudung glänzender Möglichkeiten. Diese Herausforderungen sind schier unüberwindlich, aber unser gebeutelter Held muss das Problem in Angriff nehmen, sonst droht ihm ein furchtbarer Verlust.

Das dritte Thema ist die Bekehrung, in diesem Falle zum Christentum. Über diesen seltsamen Prozess, der uns an irgendeinem Punkt unweigerlich vor die Notwendigkeit stellt, uns in eine neue und oftmals ebenso bedrohliche Form von Verwirrung und Ungewissheit hineinzubegeben, scheint es noch weniger Regeln zu geben. Es ist beunruhigend und bedrohlich für Paul, sein Selbstbild an verbreiteten Klischees typischer Kirchgänger zu messen. Doch in der Ferne nimmt er einen winzigen Lichtpunkt wahr, und der Pfad, dem er folgen muss, um ihn zu erreichen, ist nicht düsterer als der Ort, an dem er sich bereits befindet. Die implizite Frage am Ende der Geschichte ist vorhersehbar. Wird er die Reise vollenden?

Mich hat es emotional ausgelaugt, diese wenigen Zeilen zu schreiben. Vergessen wir Paul. Werde *ich* die Reise vollenden? Nachdem ich jetzt ein wenig Licht auf meine eigene Reaktion auf diesen autobiografischen Ausbruch geworfen habe, muss ich wohl alles wieder säuberlich in meinen Rucksack packen und mich erneut an die Arbeit machen. Bleib bei mir, Herr. Manchmal kriege ich von der Wahrheit weiche Knie.

10 DER SPIELERISCHE GOTT

Ist Gott spielerisch?

Ist Gott spielerisch? Ich habe sehr wenig Interesse an einer christlichen Welt, in der trübsinnig dreinblickende Weltuntergangshausierer ihr Möglichstes tun, um das glucksende Lachen verstummen zu lassen, das von frühester Kindheit an in uns eingebaut ist. Soweit es mich betrifft, herrscht Krieg zwischen diesen beiden Planeten. Wohlgemerkt, geweint wird auch in unserem Teil des Universums nicht zu knapp. Manchmal sind wir zu unglücklich, um zu lachen. Manchmal sind wir zu unglücklich, um nicht zu lachen. Manchmal lachen wir einfach nur, weil es sich gut anfühlt. Und ja, ich glaube wirklich, dass Gott spielerisch ist. Ich möchte Ihnen etwas erzählen, was mir vor ein paar Wochen passiert ist.

Birnen

Nach einem unserer Vortragsabende waren Bridget und ich bei dem örtlichen Pfarrer, seiner Frau und seiner Tochter zum Essen eingeladen. Der erste Gang war köstlich. Er brachte mich richtig in Stimmung für den Nachtisch, der sich zu meinem großen Entzücken als eine gestürzte Ananastorte entpuppte. Zuerst dachte ich, es gäbe sogar zwei von diesen leckeren Kreationen, aber ich irrte mich. Die zweite Torte, die auf dem Tisch landete, war in Wirklichkeit eine gestürzte Birnentorte.

»Birnen!«, rief ich mit beschämend nackter Leidenschaft. »Ich liebe Birnentorte! Ich liebe *alles*, was mit Birnen zu tun hat. Das ist wunderbar!«

Meine bezaubernde Gastgeberin staunte nicht schlecht, nicht nur über meine kuriose, zielgerichtete Begeisterung, sondern auch darüber, dass sich darin ein unerwarteter Zusammenhang zu einem Erlebnis im Supermarkt offenbarte, das sie am Vortag gehabt hatte. In der Absicht, für unser Mittagessen am Sonntag eine gestürzte Ananastorte zu backen, hatte sie sich mit dem ganz und gar naheliegenden Ziel, eine Ananas zu kaufen, in den entsprechenden Gang begeben.

»Kauf Birnen«, drängte sie plötzlich eine ungebetene Stimme in ihrem Kopf. »Mach stattdessen eine gestürzte Birnentorte.«

»Aber ich mache keine gestürzte Birnentorte«, antwortete sie verdattert. »Ich weiß gar nicht, wie das geht. Ich habe noch nie etwas mit Birnen gemacht.«

Aber der Birnenbefürworter ließ sich nicht zum Schweigen bringen, und schließlich ging meine verwirrte Gastgeberin auf Nummer sicher, indem sie sowohl Ananas *als auch* Birnen kaufte. Diese wurden uns dann, zu Torten verarbeitet, am folgenden Tag serviert.

Nun, hier ist meine Frage. Liegt es auch nur entfernt im Bereich des Möglichen, dass der Gott Moses, Abrahams, Isaaks, Jesajas, Gideons, König Davids, Hiobs, Jonas' und des Apostels Paulus eines Samstagnachmittags im Jahre 2011 zu meiner Gastgeberin in den Supermarkt kam, um dafür zu sorgen, dass ich Birnen zum Nachtisch bekam?

Kompletter Blödsinn? Das glaube ich nicht. Ich glaube, mein »Birnenmoment« bestärkte mich in der wachsenden Überzeugung, dass unser freundlicher, amüsierter Gott immer auf der Suche nach einer Möglichkeit zum Spielen ist. Dies ist derselbe Gott, der den guten alten Elia mit einem frisch gebackenen Kuchen und einem Krug mit kühlem Wasser versorgte, als dieser schließlich am Ende seines nicht sehr langen Geduldsfadens angelangt war und deprimiert unter einem Ginsterbaum einschlief.

Gefällt Ihnen der Gedanke eines spielerischen Gottes? Wie könnte er das nicht?

Zeit für einen Flirt

Bridget und ich sind seit über vierzig Jahren verheiratet, oder, um es auf etwas weniger beängstigende Weise auszudrücken, seit etwas weniger als fünfzehntausend Tagen. Das ist eine unfassbare Zahl von Vormittagen, Nachmittagen und Abenden, nicht wahr? Dennoch würden wir beide sagen, dass die Saga unserer Beziehung all die Zeit und Mühe auf jeden Fall wert war. Bei dieser oder jener Gelegenheit mögen wir kurz davor gewesen sein, uns gegenseitig umzubringen, aber nach vier Jahrzehnten sind wir immer noch die besten Freunde und im Allgemeinen glücklicher, wenn wir zusammen sind, als irgendwann sonst.

Übrigens, wenn wir unseren fünfzigsten Hochzeitstag erreichen, werde ich hoffentlich eine bessere Rede halten als die, die mein aus Lancastershire stammender Schwiegervater bei seiner goldenen Hochzeit zum Besten gab. Während er sich widerwillig von seinem Stuhl emporhievte, zog George einen lächerlich kleinen Fetzen Papier aus der Innentasche seiner Anzugjacke, rückte seine Brille zurecht und ließ die folgende denkwürdige Ansprache vernehmen.

»Also, wir haben geheiratet, und äh … dann bekamen wir Kinder. Und äh … Danach ist nicht mehr viel passiert.«

Das war's. So fasste George ein fünfzigjähriges Eheleben zusammen. Seine Frau war fuchsteufelswild, was man ihr wohl kaum verdenken kann. Ich fange besser schon mal an, meine Rede zu planen.

Ich erwähne das alles aus einem ganz einfachen Grund. Ich bin zu dem Schluss gekommen, dass es ungeachtet all dessen, was ich gerade gesagt habe, nach vierzig Jahren Zeit für einen Flirt ist. Andere Leute machen das doch auch. Warum nicht ich? Das wird jeder verstehen, glaube ich. Man kann schließlich kaum mehr von irgendjemandem erwarten, als dass er vierzig Jahre lang mit derselben Person zusammen ist und mehr oder weniger immer dasselbe tut, finden Sie nicht? Und ich will ehrlich sein; es wäre nicht das erste Mal. Es passierte eines Tages vor etwa fünf Jahren. Ich saß im Zug einer ziemlich ansprechend aussehenden Frau gegenüber. Je länger ich diese Person betrachtete, desto überzeugter wurde ich davon, dass ich ihr schon einmal begegnet war und dass ich sie sogar einmal sehr gut gekannt hatte. Vielleicht bot sich das ja als Anknüpfungspunkt für meinen »Flirt« an. Einen Versuch war es allemal wert. Ich beugte mich vor und sprach sie an.

»Entschuldigung – ich hoffe, es stört Sie nicht, wenn ich das frage, aber haben wir uns nicht vor langer Zeit einmal gekannt? Ihr Gesicht kommt mir *so* vertraut vor.«

Sie musterte mich ein paar Augenblicke lang mit einer Miene, die ich nur als genervt bezeichnen kann. Dann antwortete sie:

»Meinst du, du könntest mal für zwei Minuten aufhören, Blödsinn zu reden, und mir lieber ein belegtes Brötchen reichen?«

Ziemlich coole Reaktion für jemanden, der gerade angebaggert wird, finden Sie nicht? Aber so ist meine Frau nun einmal. Die Coolste der Coolen.

Aber ich wollte damit tatsächlich auf etwas hinaus. Wenn man gemeinsam den langen Marsch hinter sich gebracht hat, vier Kinder großzuziehen, und zwischendurch kaum Zeit hatte, eine Atempause einzulegen, dann ist es fast wie ein Schock, wenn das letzte Kind das Haus verlässt und man, ausgelaugt vom »Kidlag«, plötzlich vor dem Menschen steht, in den man sich vor all den Jahren verliebt hat. Das ist genau der richtige Zeitpunkt, um ein bisschen mit einer alten Flamme zu flirten. Und wie ich mich erinnere, haben wir genau das getan.

Es gibt so eine Art geistlicher Entsprechung dazu bei Gott. Als Bridget und ich nach Nord-Yorkshire zogen, brachte dieser Richtungswechsel ein echtes Gefühl von Abenteuer und neuem Leben mit sich. Die tektonischen Platten unseres Glaubens schienen sich unter dem Druck der göttlich inszenierten Veränderung ächzend zu verschieben. Als das letzte Jahr unseres Aufenthaltes in diesem Teil der Welt begann, war uns stärker bewusst als je zuvor, dass ein »Flirt mit Gott« in christlichen Gemeinschaften ein vertrauter und willkommener Gedanke sein sollte. Ich finde, es würde uns allen guttun, in das Gesicht des Gottes zu schauen, der uns an den Ort gestellt hat, an dem wir uns befinden, um uns daran zu erinnern, wie unsere Liebe zu ihm einmal gebrannt hat, und danach zu fragen, was für eine Art von »Flirt« er wohl für die Zukunft geplant hat. Möge Gott uns vor der Langeweile einer feuerfesten Frömmigkeit schützen.

Zurück zu meinem Wunsch, wieder einmal mit meiner Frau zu flirten. In den kommenden Monaten werden wir unsere nächsten Schritte (in geografischer und geistlicher Hinsicht) planen. Eine Renaissance in unserer persönlichen Beziehung ist definitiv einer der Schritte, die wir vorhaben. Im Rückblick wünschte ich, wir hätten uns eine solche öfter einmal gegönnt in den Jahren, die nicht von Heuschrecken, sondern vom Windelwechseln, Füttern, Saubermachen, Bekleiden, Unterhalten, Fahren, Retten, Finanzieren, Anschreien, Flüstern, Vergeben, Vergebung-Empfangen, Reden, Zuhören, Lachen, Weinen und all den anderen, alle Aufmerksamkeit fesselnden Aspekten des Elterndaseins aufgefressen wurden. Wie die meisten Leute über sechzig sind wir inzwischen Experten für all das, was wir hätten besser machen können.

Was Gott betrifft, nun, da versuchen wir im Moment, uns möglichst unauffällig zu verhalten, in der Hoffnung, dass er uns noch ein bisschen im Norden bleiben lässt. Es ist allerdings unwahrscheinlich, dass wir damit davonkommen, und darüber bin ich eigentlich froh. Es ist immer wieder dasselbe. Wir wissen, was wir zu wollen glauben, aber wenn die tektonischen Platten wieder zu zittern beginnen, dann sind wir bereit für einen Flirt. Das weiß ich genau.

Ist Gott albern?

Gelegentlich hört man Christen über Humor und Gelächter und schlichte Albernheit so reden, als wären sie zwar halbwegs angenehme, aber belanglose Ablenkungen von der eigentlichen Aufgabe, Jesus nachzufolgen. Dem kann ich nicht zustimmen. Ein Mann, dem ich vertraue, hat mir neulich eine interessante Geschichte erzählt. Eines Morgens kam er die Treppe herunter und fand überall auf seinem Geländer und auf dem Teppich im Wohnzimmer einen leuchtend goldenen Staub vor. Es war so viel, dass er ihn mit dem Kehrblech aufkehren und hinausschaffen musste. Später erzählte er einer Besucherin in dem Freizeitzentrum, in dem er arbeitet, von diesem seltsamen Streich, den Gott ihm gespielt hatte. Sie war unverhohlen skeptisch und tat die ganze Sache als Produkt seiner Fantasie oder menschlichen Schabernack ab. Etwas später am selben Tag, als sie auf der Toilette saß, schaute sie hinab und sah, dass der Toilettensitz von einem Ring aus goldenem Staub umgeben war.

Mir erscheint es durchaus möglich, dass Gott, wenn wir den Mut hätten, die Religion aufzugeben und Gott wirklich ungehindert Raum zu geben, an wenigen Dingen mehr Freude hätte als daran, uns zum Lachen zu bringen. Den Namen Geoffrey Studdert Kennedy habe ich bereits erwähnt. Obwohl er als Geistlicher unter grauenhaften Umständen unter Soldaten arbeitete, würde er, glaube ich, verstehen, was ich über Gott und seine Verspieltheit sagen möchte. Schließlich schildert er unnachahmlich die Art und Weise, wie Gott alle seine Versuche, sich in schöne, tragische Rollen hineinzusteigern, zunichtemachte, indem er ihn einfach auslachte. Glauben Sie mir, ich weiß genau, wie sich das anfühlt.

Eine Sache, die ich als Vater vielleicht richtig gemacht habe

Als Bridget und ich vor ein paarundvierzig Jahren heirateten, machten wir uns kaum Gedanken um Familienplanung. Ich schätze, wir dachten, wir würden uns schon irgendwie durchwurschteln, und da ja Gott fest auf unserer Seite stand, musste es mehr oder weniger gut ausgehen. Wie so viele andere kinderlose

Paare einigten natürlich auch wir uns feierlich auf den einen oder anderen konkreten Punkt, von denen keiner die Ankunft echter Kinder aus Fleisch und Blut überlebte.

Zum Beispiel würden unsere Sprösslinge, so versicherten wir einander ernst, niemals mit Spielzeugpistolen spielen, denn sie würden lernen müssen, Gewalt in all ihren Erscheinungsformen zu verabscheuen. Als dann unsere Jungen so weit waren, dass sie aus voller Kehle brüllend durch die Gegend rannten, wenn wir an unserem einzigen freien Tag in der Woche versuchten, uns im Garten ein wenig zu erholen, beschworen wir sie geradezu, sich neue Spielzeugpistolen und jede Menge Munition zu besorgen, damit hinunter auf den Spielplatz zu gehen und Gewalt in jeder beliebigen Erscheinungsform zu üben. Schlechte Erziehung? Bestechung? Nun, sicher, aber es funktionierte gar nicht schlecht, und ich muss sagen, dass unsere vier Kinder trotz dieser moralischen Vernachlässigung außerordentlich friedliebende Menschen geworden sind.

War es also am Ende richtig, dass wir über Ethik, Maßstäbe und all die anderen Punkte auf dieser überaus ernsthaften Liste nie sehr systematisch nachgedacht haben? In gewisser Hinsicht schon. Kinder scheinen die Eigenschaften aufzunehmen, die wirklich in ihren Eltern stecken, unabhängig davon, ob diese viel analysiert oder vorausgedacht haben.

Wir machten durchaus eine Menge Fehler, besonders ich. Aber da wir gerade über den spielerischen Gott reden, sehen Sie es mir bitte nach, wenn ich erwähne, dass es eine Sache gibt, die ich vielleicht doch richtig gemacht habe, nämlich albern zu sein. Darin war ich schon immer ziemlich gut. Wir als Familie genießen unsere kleinen Urlaube vom Ernst des Lebens, und das hat uns im Lauf der Jahre sehr gutgetan.

Wie schon erwähnt, haben wir versucht, diese Forderung in die Liste der Versprechen aufzunehmen, die neue Mitglieder der Gemeinschaft, zu der wir in den letzten beiden Jahren gehört haben, ablegen. Leider ging das Leuten, die erheblich mehr zu sagen haben als wir, ein ganzes Stück zu weit. Statt »albern zu sein«, dürfen wir immerhin »viel lachen«. Na, immerhin. Dann lachen wir eben viel, und ich hoffe sehr, dass dieses Lachen in einem Großteil der Fälle dadurch ausgelöst wird, dass Leute ausgesprochen albern sind.

Lachen und die Sünde wider den Heiligen Geist

Lachen kann manchmal ein wunderbares Heilmittel sein. Das ist eigentlich keine Überraschung. Es kann einen zutiefst »normalisierenden« Effekt haben. So gibt es tatsächlich Momente, in denen das Lachen Christen – oder auch anderen Leuten – schockartig bewusst werden lässt, dass wir uns auf eine Denkweise oder eine Weltanschauung eingelassen haben, die sehr wenig mit dem zu tun hat, was uns als wirklichen Menschen in der wirklichen Welt tatsächlich passiert. In letzter Zeit hatten Bridget und ich viel Kontakt mit Leuten, die allen möglichen subtilen Schikanen durch sogenannte christliche Organisationen oder durch Leute, die mehr Bibel als Verstand haben, ausgesetzt waren und immer noch darunter leiden. Das passiert furchtbar oft, und ich finde es schrecklich. Leute, um die man sich kümmern sollte und die Schutz brauchen, werden so leicht erdrückt und mit unnötigen Schuldgefühlen oder anderen Bürden beladen. Eine der schlimmsten Praktiken ist es, fromme Slogans auszugeben, als ob die Worte an sich tatsächlich schon etwas bewirken könnten. Hier ist ein Beispiel.

Mich rief einmal aus heiterem Himmel ein Mann an. Ich habe keine Ahnung, wie er an meine Nummer kam. Der Dialog verlief ungefähr folgendermaßen:

Adrian: Hallo? Hier ist Adrian Plass.
Gesprächspartner: Hallo, ist dort Adrian Plass?
A: Ja, nach wie vor. Am Apparat.
G: Ich würde Ihnen gern eine Frage stellen.
A: Okay, nur zu.

G: (*ernst, aber zögerlich*) Also, die Sache ist die – ich habe die Sünde wider den Heiligen Geist begangen.

A: (*voller Begeisterung*) Großartig – gut gemacht! Das ist eine reife Leistung.

G: (*nach einer überraschten Pause, kleinlaut und verdutzt*) Was ist die Sünde wider den Heiligen Geist?

A: Ah, da kann ich Ihnen helfen. Ich weiß genau, was die Sünde wider den Heiligen Geist ist.

G: Und zwar?

A: Äpfel klauen. Mundraub wird es auch genannt.

G: Mundraub? Sie meinen –

A: Ja, Äpfel klauen.

An dieser Stelle gab es eine noch längere Pause, gefolgt von schallendem Gelächter meines anonymen Anrufers. War das schön zu hören!

Was passiert in solchen Fällen? Was führt scheinbar verantwortungsbewusste Christen dazu, sich einzelne Verse herauszugreifen und daraus Keulen zu machen, mit denen sie so lange auf schwächere Menschen einprügeln, bis diese sich unterordnen? Finden Sie das ein bisschen zu stark ausgedrückt? Ich nicht. Wahrscheinlich ist es nicht einmal stark genug ausgedrückt, aber ich bringe es einfach nicht über mich, so aggressiv zu sein wie Jesus. Vielleicht schaffe ich es ja später einmal, wenn ich noch mehr in der Heiligung gewachsen bin. Ich kann Ihnen genau sagen, was dieser Mann auf dem Herzen hatte.

»Ich möchte geliebt werden.« Das ist es, wonach er und Tausende von anderen rufen. Es lohnt sich kaum, die Worte aus Johannes 3,16 hier zu wiederholen, weil jeder sie ohnehin schon kennt, aber ich zitiere sie lieber trotzdem, falls irgendein neubekehrter ehemaliger Froschanbeter dies liest:

> Denn also hat Gott die Welt geliebt, dass er seinen eingeborenen Sohn gab, damit alle, die an ihn glauben, nicht verloren werden, sondern das ewige Leben haben.

Und der Vollständigkeit halber hier noch einmal derselbe Vers, umgeschrieben im Sinne derer, die eifrig damit beschäftigt sind, die Insassenzahl geistlicher Gefängnisse zu vergrößern:

> Denn Gott war gnädigerweise bereit, sich die Nase zuzuhalten und die Nähe stinkender, unattraktiver Menschen zu erdulden, sodass er seinen eingeborenen Sohn gab, damit alle, die an ihn glauben, sich klein und dumm und ein bisschen schmutzig fühlen, aber immerhin auf eine trostlose, obskure und ziemlich enttäuschende Art gerettet werden.

Lachen, Liebe und gelegentlich ein klares, offenes Wort. Das sind die Dinge, die am besten zu funktionieren scheinen. Ich empfehle sie Ihnen.

11 WAS UNTER DEM STRICH BLEIBT – EINE POSITIVE KREUZIGUNG?

Was ist die Summe unter dem Strich, das wesentliche Unterscheidungsmerkmal in der Welt des Glaubens, das beständig mit dem Planeten der hohlen Frömmigkeit im Krieg liegt? Hier ist ein Gedanke dazu.

Ich sollte an einem Sonntagmorgen zum Abschluss eines Wochenendes für Unverheiratete unter dem Titel *Positiv Single* predigen. Ich hatte nicht die Absicht, irgendetwas über das Single-Dasein zu sagen, und das hätte wohl auch keinen Sinn gehabt. Wie könnte ich? Nach über vierzig Jahren Ehe kann ich mich nicht einmal mehr erinnern, was es für ein Gefühl war, unverheiratet zu sein. Der Gedanke hingegen, in verschiedenen komplizierten Situationen positiv zu sein, interessierte mich.

Schließlich fiel mir noch etwas ein, worüber ich reden konnte, aber erst nach meiner typischen »albernen« Phase. Was stimmt eigentlich nicht mit mir, dass ich einfach nicht direkt an eine Sache herangehen kann? Ich glaube, ich leide wohl an einer Überfunktion meiner Parodiedrüse. Mir kam der Gedanke, ob wir nicht einmal ein Wochenende mit dem Titel »Positiv sündig« veranstalten könnten. Da würde sich bestimmt ein Haufen Leute anmelden. Oder wie wäre es mit »Positiv ehebrecherisch«? Vielleicht käme da immerhin eine kleine Gruppe mit Decknamen zusammen? »Positiv negativ« wäre auch nicht schlecht, oder? Dann hätte man wenigstens alle Neurotiker in einem Raum zusammen. Sorry, Albernheit ist nun einmal meine Spezialität.

Aber im Ernst, man könnte alle möglichen Kurse für Christen mit konkreten Problemen veranstalten. Positiv verlassen. Positiv traurig. Positiv kreativ frustriert. Positiv angenervt von meinen eigenen jämmerlichen Begrenzungen. Positiv voller Schmerzen.

Positiv verwirrt und unsicher, was ich als Nächstes tun soll. Die Liste ließe sich endlos fortsetzen.

Gibt es das in der Bibel auch, dass negativen Situationen ein positiver Anstrich verliehen wird? Vielleicht. Einiges spricht dafür. Im Johannesevangelium zum Beispiel. Man könnte sagen, dass Jesus positiv niedergeschlagen darüber war, seine Freunde verlassen zu müssen. Er müsse zurück zu seinem Vater gehen, sagt er, damit der Heilige Geist kommen könne. Eine nachvollziehbare geistliche Mechanik. Außerdem sagte er den Jüngern, er müsse fortgehen, um eine Wohnstätte für sie vorzubereiten.

Dann ist da Paulus. Wir haben bereits gesehen, dass er von einem Stachel in seinem Fleisch positiv durchbohrt war. Diese Schwäche an ihm machte es möglich, dass Gottes Stärke in ihm vollkommen wurde, und diese Offenbarung trug sehr zu seinem erstaunlichen Wirken bei.

Ob Maria wohl zu einem Wochenende mit dem Titel käme: »Positiv genötigt, den Job der Mutter des Sohnes Gottes zu übernehmen«? Es dürfte ihr wohl kaum leichtgefallen sein, viel Positives an den Dingen zu finden, die ihr passierten. Kein Zimmer mit Frühstück in Bethlehem, weil Gott schon das ganze Budget für Engelseffekte verbraten hatte. Dann verlor sie ihren Sohn im Tempel. Die Drohung eines Schwerts, das ihr Herz durchbohren würde. Und so ist es ja auch gekommen. Maria musste mitansehen, wie die Römer ihren Sohn auspeitschten, wie er verlacht wurde, wie er fürchterliche Schmerzen erlitt und schließlich am Kreuz starb.

Und wie ist es denn mit der Kreuzigung? Sie gilt doch wohl allgemein als negative Erfahrung. Und das war sie natürlich auch. Dieses grausame Instrument des Todes und der Folter hatte nichts Helles oder Lustiges an sich. Eine Kreuzigung war etwas unaussprechlich Grauenvolles. Vielleicht vergessen wir das. Wenn wir zu Ostern einmal warme Hefebrötchen mit einer Guillotine statt einem Kreuz darauf essen müssten, würden wir vielleicht verstehen und klarer sehen, dass wir es hier mit einer abscheulichen

Todesart zu tun haben. Ein Choral, mit dem ich sehr wenig anfangen kann, ist *Das alt raue Kreuz*. Manche Leute finden ihn sehr bewegend. Ich nicht. Ich bin ziemlich sicher, dass Jesus niemals voller Nostalgie an jenen wunderbaren, magischen Tag zurückdenkt, an dem er unvergessliche Stunden an dem alt rauen Kreuz verbrachte. Blödsinn.

Also, hier ist eine Frage, die sich dämlich anhört, aber ernst gemeint ist. Ist es möglich, eine positive Sicht der Kreuzigung zu haben? Nun, die Leute von Monty Python haben es mit *Das Leben des Brian* zumindest versucht, einem Film, der eine enorme Werbewirkung daraus schöpfte, dass Scharen von Kirchgängern vor den Kinos dagegen protestierten. Die Leute strömten hinein, vermutlich in der Annahme, es müsse sich auf jeden Fall lohnen, den Film anzuschauen, wenn Christen sich so sehr darüber ereiferten. Und es lohnte sich tatsächlich. Manche Zitate aus diesem Film werden für immer in meiner Erinnerung leben.

»Gepriesen sind die Skifahrer.«

»Was, frage ich euch, haben die Römer je für uns getan?«

»Er ist nicht der Messias. Er ist nichts weiter als ein unartiger Bengel.«

Etwas problematischer war für viele das Liedchen, das am Ende von den gekreuzigten Männern gesungen wird: *Always look on the bright side of life*, mit dem die Pythons versuchten, der Kreuzigung einen lächerlich positiven Anstrich zu verpassen. Übrigens hörte ich kürzlich, dieses Lied sei bei einer Beerdigung gesungen worden. Ob Jesus das wohl witzig gefunden hätte? Wer weiß? Auf die Gefahr hin, von einem Blitz erschlagen zu werden, muss ich sagen, dass ich mir das durchaus vorstellen könnte.

Also – die Kreuzigung. Könnte die Kreuzigung etwas wirklich Positives an sich haben, abgesehen von der belanglosen Tatsache, dass der Tod und die Auferstehung Jesu es uns möglich gemacht haben, heimzukehren zu dem Gott, der uns mehr liebt, als wir uns vorstellen können? Das ist schon mal ein ziemlich positiver Aspekt, finden Sie nicht?

Aber was ist mit der Kreuzigung selbst? Wie ist Jesus in jenen drei Stunden mit dieser Erfahrung umgegangen? Hier ist ein Gedanke, den ich faszinierend finde und der vielleicht sehr hilfreich ist.

Die Bibel gibt sieben Dinge wieder, die Jesus während dieser Zeit sagte, sieben Worte vom Kreuz. Hier ist die Liste:

Lukas 23,34: »Vater, vergib ihnen, denn sie wissen nicht, was sie tun.«

Lukas 23,43: »Wahrlich, ich sage dir, noch heute wirst du mit mir im Paradies sein.«

Matthäus 27,46: »Mein Gott, mein Gott, warum hast du mich verlassen?«

Johannes 19,26-27: Als nun Jesus seine Mutter sah und bei ihr den Jünger, den er liebhatte, spricht er zu seiner Mutter: Frau, siehe, das ist dein Sohn! Danach spricht er zu dem Jünger: Siehe, das ist deine Mutter! Und von der Stunde an nahm sie der Jünger zu sich.

Johannes 19,28: »Mich dürstet!«

Johannes 19,30: »Es ist vollbracht.«

Lukas 23,46: »Ich befehle meinen Geist in deine Hände.« Erstaunlich ist, dass drei von den sieben Dingen, die Jesus sprach, während er diese schrecklichen Schmerzen durchlebte, die Probleme anderer Leute lösten. Und eine vierte Aussage verschaffte ganzen Generationen der Zukunft ein großes Geschenk und ein ungeheures Vorrecht. Er betete um Vergebung für diejenigen, die ihn kreuzigten; er tröstete den Mann am Kreuz neben ihm und versprach ihm eine Zukunft im Paradies; er traf ein paar soziale Vorkehrungen für seine Mutter, sodass sie nicht ohne Unterstützung zurückblieb; und er gab uns die Möglichkeit, an jenem schwarzen Moment teilzuhaben und Mut daraus zu schöpfen, als er sich allein fühlte und verlassen von dem, dem er durch das Opfer seines Lebens gehorchte.

Diese vier Äußerungen rufen uns vom Kreuz her wesentliche Botschaften über christliche Verantwortung zu.

Die erste ist die Verantwortung, zu Gott zu beten für diejenigen, die unsere Feinde sind, die uns auf die Nerven gehen, die uns verletzt haben, die wir am liebsten aus unserem Leben vertreiben würden. Wir werden Rechenschaft darüber ablegen müssen, wie wir mit diesen Leuten umgegangen sind. Niemand, am wenigsten Gott, sagt, dass das leicht sein wird. Aber das war es schließlich noch nie.

Zweitens, wie Jesus es im vierten Kapitel des Johannesevangeliums ausdrückt, gibt es eine reichliche Ernte, aber nur wenige Arbeiter. Wo immer wir sind und was immer mit uns geschieht, sollten wir Ausschau halten nach denen, die das »JA« Gottes brauchen, denn es kann sein, dass unser Gesicht das einzige Gesicht des leidenden Jesus ist, das sie sehen können, wenn alles andere nutzlos erscheint.

Die dritte Botschaft ruft uns dazu auf, diejenigen tatkräftig zu lieben und für sie zu sorgen, die uns besonders anvertraut sind: unsere Familien, unsere engen Freunde, die Menschen, die praktisch und emotional von uns abhängig sind.

Und viertens sind wir aufgefordert, ebenso verletzlich und ehrlich zu sein wie Jesus, wenn es um die Dunkelheit geht, der wir manchmal begegnen. Denken wir daran, dass Jesus bereits dort war. Er fordert uns nicht auf, irgendwohin zu gehen, wo er nicht selbst schon hingegangen ist.

Die zentrale Botschaft ist vielleicht die, dass Positivsein inmitten von Schwierigkeiten, Schmerzen und Enttäuschungen für Nachfolger Jesu nicht darin besteht, die Situation umzudeuten. Das wird in der Kirche im Moment viel zu häufig getan. Aus Scheiße wird keine positive Scheiße, wenn man versucht, sie in ein positives Licht zu rücken. Katastrophen bleiben Katastrophen. Ein Verlust bleibt ein Verlust. Eine Kreuzigung bleibt eine Kreuzigung, und damit hat es sich. Menschlicher Optimismus hilft uns auch nicht weiter, genauso wenig wie, »das Beste daraus zu machen«, was immer das heißen soll.

Nein, wenn ich ein wirklich aufrichtiger Nachfolger Jesu sein will, dann gibt es vor allem einen positiven Aspekt in Situationen, die mir schaden, wenn ich bereit bin, meine Geisteshaltung anzupassen. Sie sind Missionsfelder. Sie sind Orte, in denen wir trotz allem, was uns geschieht, aufgerufen sind, aufmerksam nach Möglichkeiten Ausschau zu halten, dem konkreten, einfallsreichen Wirken des Heiligen Geistes den Weg zu ebnen.

Wir schreien: »Herr, ich werde hier gekreuzigt!« Und Gott sagt: »Ich weiß. Ich kenne Kreuzigungen. Ich passe auf dich auf – und deine Seele ist sicher in meinen Händen. Verlier nicht die Nerven. Rechne mit allem und mit jedem. Hilf mir, es gibt Arbeit zu tun.«

Was immer wir tun, wo immer wir sind, egal, ob wir uns in der Dunkelheit befinden oder im Licht, ob wir nach menschlichen Maßstäben leiden oder blühen und gedeihen – vor uns liegt ein Missionsfeld. Ich glaube, indem wir uns diese Verantwortung von ganzem Herzen zu eigen machen, werden wir die Möglichkeit bekommen, Wesentliches zum letzten Sieg im Kampf für eine wirklich christliche Welt beizutragen.

Und noch ein letzter Hinweis dazu.

Ausgegossen

Wir haben schon von der Frau gesprochen, die Jesus genau im richtigen Augenblick jenes wunderbare Geschenk kostbaren Salböls machte. Wie wir gesehen haben, hat auch Jesus sich selbst ausgegossen, selbst, als er am Kreuz hing, genau wie diese großzügige Frau ihren wertvollsten Besitz ausgoss. Hier ist ein weiteres Gedicht, das ursprünglich für die Sailors' Society geschrieben wurde.

Lass den Duft verströmen

Öffne den Verschluss
Lass den Duft ausströmen
Gieß das wohltuende Öl
Auf die erschöpfte Seele, die Sehnsucht nach
Dem kleinsten Schluck, dem winzigen Krümel der
Besonderheit
Die Armut, in der tiefsten Finsternis, die er zu kennen
Sicher war, zu finden, ob das letzte Opfer mehr sein würde,
als er tragen konnte

Öffne den Verschluss
Lass den Duft ausströmen
Gieß das Friedensöl
Auf der Seele siedende Wellen
Auf raue Hände, ausgestreckt, damit sie halten
Die schemenhaften Formen der Erinnerung
Eine Armut, dass man ihm sagt
Dass andere, weichere Hände segnend berühren werden

Öffne den Verschluss
Lass den Duft ausströmen
Gieß das Öl gerechten Lohns
Auf die ungelinderte Verwirrung
Eine Armut starker Hilfe
Wenn ziel- und richtungslose Kraft verbraucht
Und gerechte Auflehnung ein zweischneidiges Schwert ist

Öffne den Verschluss
Lass den Duft ausströmen
Gieß des Erkanntseins Öl
Auf Einsamkeit und finstere Verzweiflung
Eine Armut warmer Zugehörigkeit

Sich sehnend nach dem Ort, wo leichte Freundschaft in der Luft vibriert
Dem Ort, von dem die schwarz flatternde Nacht der Einsamkeit die kalte Niederlage
Geschmeckt hat und geflohen ist

Öffne den Verschluss
Lass den Duft ausströmen
Gieß des Gebetes Öl
Auf selten oder nie betretene Herzenskammern
Wo Armut wahrer Ganzheit
Vater und Kind einander fernhält
Und der Himmel träumt, dass sie dort einst vereint sein werden

12 NACH HAUSE KOMMEN

Ein Ort für uns

Enden möchte ich mit einer Geschichte über das Nachhausekommen. Das Zuhause ist schließlich der Ort, wo wir uns am Ende alle begegnen werden.

Es gibt bestimmte Begriffe und Themen, die Männer und Frauen tief in ihrem Innern besonders ansprechen. Das Zuhause scheint ein Beispiel dafür zu sein. Vielleicht nennen deswegen so viele Menschen das Gleichnis vom verlorenen Sohn, wenn sie gefragt werden, welche Abschnitte aus der Bibel ihnen besonders wichtig sind. Vor vielen Jahren schrieb der Schweizer Arzt und Schriftsteller Paul Tournier ein Buch mit dem Titel *Geborgenheit – Sehnsucht des Menschen.*[4] Auf dessen Seiten spricht er über dieses Bedürfnis, an einem Zielort anzukommen, wo unser Herz Ruhe finden kann. Dieser Ort, dieses Zuhause, lässt sich vielleicht nicht unbedingt geografisch definieren. Es kann auch ein Zusammenhang sein oder eine Gruppe von Menschen, eine Ethik oder vielleicht nur ein Traum für diejenigen, die es nie erlebt haben. Ich glaube, als Menschen und als Christen entdecken wir das Wesen und den Ort unseres wahren Zuhauses durch Authentizität. Es gibt einen Ort für uns, und er ist ganz spezifisch für mich und für Sie bestimmt, und für jeden anderen, der bereit ist, sich auf die Reise zu machen. Wie kommen wir dorthin? Dieselbe Frage richtete Thomas an Jesus, nachdem sein Meister verkündet hatte, er werde bald fortgehen, um seinen Nachfolgern eine Wohnstätte zu bereiten.

»Ich bin der Weg«, sagte Jesus, »und die Wahrheit und das Leben.«

Wir werden den Rest unseres Lebens damit verbringen, genau herauszufinden, wie diese Wahrheit sich entfalten kann, aber bis dahin werde ich Ihnen eine Geschichte mit auf den Weg geben. Es ist eine seltsame Geschichte, aber sie handelt eindeutig vom Nachhausekommen. Schauen Sie mal, ob Sie dahinterkommen, worum es darin geht, bevor Sie das Ende erreicht haben. Viel Glück. Ich sehe Sie dann zu Hause, falls wir uns nicht unterwegs begegnen. Gott segne Sie.

Der Riesigen Weißen Ebene entronnen

Wie hätte ich erraten können, dass meine Verbannung auf die Riesige Weiße Ebene mit einer triumphalen Wiedereinbürgerung enden würde? Ich wünschte von Herzen, ich hätte es gewusst. So jedoch litt ich unsäglich unter meinem Schmerz und Verlust, als ich hilflos und hoffnungslos an jenem unseligen Ort lag.

Stellen Sie sich meine Situation vor. Ich war verlassen worden. Zum ersten Mal, seit es mich gab, war ich allein. In alle Richtungen erstreckte sich eine flache, völlig gestaltlose Wüste aus verblichenem Weiß. Begrenzt war sie ringsum von steilen Klippen, die dieselbe grausige Leichenhautfarbe hatten, durch die weite Entfernung jedoch noch bedrohlicher bleich wirkten. Können gleiche Dinge ein liebloses Glühen hervorbringen? Hier war es so.

Jenseits dieser Klippen und noch weit dahinter war es gerade noch möglich, die schattenhaften, undeutlichen Formen monströser, hoch aufragender Gebäude auszumachen. Sie wirkten düster und geheimnisvoll, und vom Zentrum der Einöde aus war es unmöglich, sie genau zu erkennen.

Tröstete es mich, dass das Licht, das auf mich schien, dasselbe war, das ich schon immer gekannt hatte? Nein, überhaupt nicht. Es konnte mich nicht trösten. Ich war verwirrt. Oder vielleicht sollte ich besser sagen, ich stand unter einem tiefen Schock. In dem Dorf, zu dem ich gehörte, war die Sonne ein einzelner, glänzender Ball an einem Himmel von strahlendem, sanftem Blau gewesen. Hier jedoch, über der Riesigen Weißen Ebene, wirkte die Quelle allen Lichtes auf meinen gequälten Blick, als wäre sie aufgeteilt oder gespalten in drei gleiche und seltsam geformte Teile, die eher zu glühen als eine Flut von Licht zu spenden schienen. Spürbare Wärme gaben sie überhaupt nicht ab.

Eine weitere Beobachtung. Diese dreieinige Sonne erlosch ohne jede Vorwarnung in einem Augenblick, um ebenso plötzlich Minuten oder Stunden oder sogar Tage später wieder zu erscheinen und die Riesige Weiße Ebene und die fernen Klippen erneut sichtbar werden zu lassen. Wie grausam sie den Schauplatz meiner Not erleuchtete. Ich war an die beruhigende Beständigkeit strömenden Sonnenlichts gewöhnt. Diese groteske Zufälligkeit von Licht und Schatten machte mein Elend nur noch schlimmer. Ich bekenne, als schließlich meine Verbannung endete, war ich so weit, dass mir die Dunkelheit lieber war.

Mein Dorf. Ich habe mein Dorf bereits erwähnt. Ich war ein Teil davon. Es war meine Bestimmung, dort zu sein. Ich passte perfekt dorthin, zumindest genauso gut wie irgendeiner der anderen. Dieses starke Bewusstsein der Zugehörigkeit muss wohl erheblich zu der tiefen Verletzung beigetragen haben, die meine vorübergehende Ausstoßung in mir verursachte. Ich werde den genauen Moment meiner Verbannung beschreiben. Aber zuerst möchte ich euch von meinem Dorf erzählen, meinem Zuhause, meinem herrlichen Ursprungsort.

Wir, die wir dort leben, sind mit einem traditionellen englischen Dorfpark gesegnet, mit einem kleinen Kinderspielplatz in einer Ecke und einem Teich mit Schilf und Enten und überhängenden Laubbäumen auf der Seite unserer Dorfkneipe, des »Horse and Groom«. Diese Gaststätte befindet sich in einem zauberhaften alten Haus mit faszinierend schiefem Dach und Nestern hoher Schornsteine, von denen jeder durch die Art und Weise, wie seine Ziegelsteine über die Jahrhunderte abgebröckelt sind, seine einzigartige Form bekommen hat.

Ich muss ehrlich sein. Sie würden mich nie im »Horse and Groom« finden, aber sie könnten mich mit Recht als Dauergast am Ende des Gartens an der Straße bezeichnen, wo zwei Bänke für Dorfbewohner aufgestellt wurden, die sich gerne entspannen und die Welt an sich vorbeiziehen lassen.

Was kann ich Ihnen noch sagen? Fünf Kinder, drei Jungen und zwei Mädchen, verbringen ihre gesamte Zeit mit fröhlichen Spielen im Dorfpark. Die beiden Mädchen besitzen jedes ein Springseil, und die Jungen spielen gern eines jener endlosen Fußballspiele, wobei sie den Zaun des Kinderspielplatzes als Tor und ihre bunten Pullover als Torpfosten nutzen. Es ist nicht zu übersehen, dass dieses Jungvolk (sie müssen wohl acht oder neun Jahre alt sein) den Sonnenschein und die Geborgenheit im Dorfpark sehr lieben. Sie sind immer dort, ebenso wie ein kleines Rotkehlchen mit stolz leuchtender Brust einen dauerhaften Anspruch auf das wacklige Metallgeländer vor dem Postamt erhoben hat. Mit weit aufgerissenem Schnabel verkündet es seine Herrschaft über alles, was sein Auge erblickt.

Es gibt einen speziellen Parkplatz für das Postauto, einen leuchtend roten Klecks, der sich lebhaft von dem smaragdgrün glänzenden Gras und dem eierschalenblauen Himmel abhebt. Der Postbote, ein korpulenter, gut gelaunter Bursche, ist ständig dabei, seinen Lieferwagen zu waschen und zu polieren, das einzige Fahrzeug, das direkt am Park abgestellt werden darf.

Dieser zentrale Bereich ist auf drei Seiten von schönen, teuren Wohnhäusern umringt. Man muss diese Häuser nur anschauen, um zu wissen, dass sie den reichen Bewohnern des Dorfes gehören, denen, die es sich ohne Weiteres leisten können, ein Grundstück am Rande des Dorfparks zu erwerben.

Ah, der Rand! Das Wort macht mir zu schaffen. Ich konnte mich des Verdachts nicht erwehren, dass die am Rand diejenigen gewesen waren, die meine Verstoßung und Verbannung initiiert oder irgendwie bewerkstelligt hatten. Sie sind ja so respektabel gradlinig und so unerschütterlich einig in ihrer Entschlossenheit, der Außenwelt ein ausdrucksloses, unbekümmertes Gesicht zu präsentieren. Aber wir anderen lassen uns nicht täuschen. Wir wissen, dass diese Individuen noch eine andere Seite haben, eine Seite, die ebenso viele Sonderbarkeiten und exzentrische Unterschiede aufweist, wie man sie bei irgendeinem von uns findet. Meiner Überzeugung nach sind unsere unterschiedlichen Formen von einem höheren Wesen vorgegeben und dienen somit einem bestimmten Zweck. Es wäre dumm und gewissermaßen lächerlich unpraktisch, so zu tun, als wäre es anders.

Sie werden verstehen, dass es mir widerstrebt, die folgende Aussage zu machen, aber ich muss. Letzten Endes war es eine Frage der Farbe, die für meine Ausstoßung und Verbannung verantwortlich war. Wie Sie in Kürze herausfinden werden, ist diese Tatsache unbestreitbar.

Einige Monate vor den Vorfällen, von denen ich hier berichte, hatte es in unserem Dorf eine große, umwälzende Katastrophe gegeben. Es ist im Grunde weder nötig noch hilfreich, die näheren Umstände dieser Katastrophe zu erklären. Ich verstehe sie selbst kaum. In mancher Hinsicht ist die Erinnerung daran noch düsterer und grauenhafter als die an meine Verbannung, und ich möchte mich hier wirklich nicht weiter darüber auslassen. Lassen Sie mich lediglich sagen, dass unsere kleine Gemeinschaft gewaltsam in kleine Stücke zerrissen und tief in eine beengende Dunkelheit gestürzt wurde, wie wir sie uns nie hätten vorstellen können. Dann ergab sich ganz unerwartet eine Möglichkeit zu unserer Heilung. Es präsentierte sich uns, wenn ich es so ausdrücken darf, eine wundersame Möglichkeit, vom Chaos und der Finsternis in einen Ort des Lichts und der Wiederherstellung überzugehen. Was für eine Freude! Und eine Zeitlang schien ich genauso sehr ein Teil dieses Prozesses zu sein wie alle anderen auch. Zu der Erneuerung, auf die alles hinarbeitete, gehörten auch unweigerlich die Formung und Umformung von Gruppen, als wir gemeinsamen Boden entdeckten und nach Verbindungen suchten, die uns letzten Endes wieder zu einem Ganzen zusammenfügen könnten. Es war nicht leicht, aber es war aufregend, und ich war begeistert.

Dann, in einem einzigen Augenblick, der einem das Herz stillstehen ließ, geschah es. Ohne jegliche Vorwarnung wurde ich buchstäblich emporgehoben, flog durch die Luft weg von meinem Dorf und wurde ohne Umschweife mitten auf der mysteriösen, schrecklichen Riesigen Weißen Ebene abgesetzt. Meine entsetzlichen Erlebnisse dort habe ich bereits geschildert.

Meine Rückkehr von der Riesigen Weißen Ebene war ebenso unvorhersehbar, wie es meine Verbannung gewesen war. Ohne jede Erklärung schien das ganze Universum von etwas erfüllt zu sein, was ich nur als ein erschrockenes Keuchen beschreiben kann. Und dann flog ich zu meinem großen Staunen wieder. Nach weniger als einer Sekunde brach die Bewegung ab, und ich schwebte reglos unmittelbar über dem Ort, den ich bisher stets als *meine* Welt gekannt hatte.

Dort unter mir, perfekt wiederhergestellt und voll unaussprechlicher Harmonie, lag mein eigenes liebes Dorf im Schein der Sommersonne. Selbst aus jener Höhe konnte ich genau sehen, wie die Kinder im Park spielten, und drüben vor dem Postamt den untersetzten Postboten, in der Hand den Lederlappen und eifrig wie eh und je damit beschäftigt, seinen lustigen roten Lieferwagen zum Schimmern und zum Funkeln zu bringen. Das liebe, stolze kleine Rotkehlchen saß auf seinem Geländer und sang aus Leibeskräften. Das gute alte »Horse and Groom« schien wohlwollend über die glitzernde Oberfläche des Teichs zu strahlen. Die alten Ziegel leuchteten warm und sanft in den goldenen Strahlen der Sonne. In jenem herrlichen Moment wusste ich eines ganz genau. Auch eine Ewigkeit in der Verbannung hätte nie in mir den Glauben auslöschen können, dass dies der Ort war, wo ich nicht nur hingehörte, sondern auch wirklich gebraucht wurde.

Es war perfekt. Oder besser gesagt, es war *nahezu* perfekt. Ich wusste ohne den leisesten Anflug von Eitelkeit, dass meine Gegenwart es perfekt machen würde.

Ich frage mich, ob Sie mich wohl verstehen, wenn ich sage, dass ich, als ich zur Landung ansetzte, die Umrisse meines eigenen Schicksals vor mir Gestalt gewinnen sah und das unverkennbare Gefühl hatte, *gehalten* und geleitet zu werden von einer Kraft, die viel stärker war als ich. Als ich schließlich mit stillem Behagen zurück in den Teil unseres Dorfes glitt, der schon immer rechtmäßig und ganz persönlich mir gehört hat, da hörte ich, ich schwöre es, eine Stimme, die sozusagen von irgendwo im Himmel über mir herabzudringen schien und die folgenden Worte sprach:

»Schau mal. Ich habe dieses Teil vor ein paar Tagen in den Deckel der Schachtel geworfen, weil ich mir einfach nicht vorstellen konnte, wo diese hellblaue Farbe hinpassen könnte. Ich dachte, es müsse aus irgendeinem anderen Puzzle in die falsche Schachtel geraten sein. Jetzt sehe ich, dass es das Halstuch des Pferdeknechtes auf dem Kneipenschild ist. Beinahe hätte ich es in den Mülleimer geworfen. So, da haben wir es. Fertig.«

ANMERKUNGEN

1. Adrian Plass, *Im Nebel auf dem Wasser gehen* (Moers: Brendow, 2005).
2. Adrian und Bridget Plass, *Licht im Herzen der Finsternis* (Moers: Brendow, 2006).
3. Adrian Plass, *Der Grashalm* (Moers: Brendow, 2009).
4. Paul Tournier: *Geborgenheit – Sehnsucht des Menschen* (Freiburg: Herder, 1971).

Und der Grashalm sprach ...

Adrian Plass
Der Grashalm
Gebunden mit Schutzumschlag
80 Seiten
ISBN 978-3-86506-260-4

Die anrührende Geschichte von Paul, der als Vater, als Ehemann, als Schriftsteller, als Freund in die Krise gerät und im Gespräch mit einem Grashalm einen Ausweg findet.

Brendow
VERLAG + MEDIEN